【ひらがな・かたかな】
hi ra ga na ka ta ka na

本文中のローマ字は、ヘボン式表記を〜ています。

JN255496

ナな NA	タた TA	サさ SA	カか KA	アあ A
ニに NI	チち CHI／TI	シし SHI／SI	キき KI	イい I
ヌぬ NU	ツつ TSU／TU	スす SU	クく KU	ウう U
ネね NE	テて TE	セせ SE	ケけ KE	エえ E
ノの NO	トと TO	ソそ SO	コこ KO	オお O

> English
> Phrases for everybody to use in the classroom

> 中文
> 在教室里大家用的词汇

ひと目でわかる！
教室で使う みんなのことば

総監修
柳下則久（青山学院大学教育人間科学部特任教授）
森　博昭（横浜市立青葉台中学校校長）

> Filipino
> Mga salitang ginagamit ng lahat sa loob ng klasrum

> Português
> Frases para todos usarem na sala de aula

学校の一日

E A day at school
中 学校的一天
P Um dia da escola
F Isang araw sa eskuwelahan

もくじ
mo ku ji

English Contents
中文 目录
Português Sumário
Filipino Mga nilalaman

朝の会 (asa no kai)
- E Morning homeroom meeting
- 中 朝会
- P Reunião matinal
- F Miting sa umaga

起立。おはようございます。
ki ritsu　o ha yo u go za i ma su
- English　Stand up. Good morning.
- 中文　起立。早上好。
- Português　Levantem-se. Bom dia.
- Filipino　Tumayo kayo. Magandang umaga.

8

日づけと曜日
hi du ke to yo u bi
- English　Dates and days
- 中文　日期和星期
- Português　Datas e dias da semana
- Filipino　Petsa at araw

10

ハンカチを持ってきましたか？
ha n ka chi wo mo tte ki ma shi ta ka
- English　Do you have your handkerchief?
- 中文　手帕带来了吗？
- Português　Você trouxe lenço?
- Filipino　Nagdala ba kayo ng panyo?

12

授業 (ju gyou)
- E Class
- 中 上课
- P Aula
- F Klase

これから国語の授業をはじめます。
ko re ka ra koku go no ju gyou wo ha ji me ma su
- English　We'll start Japanese class now.
- 中文　下面开始上国语课。
- Português　Vamos começar a aula de língua japonesa.
- Filipino　Magsisimula na ngayon ang klase ng Wikang Hapon.

14

教科書をひらいてください。
kyou ka sho wo hi ra i te ku da sa i
- English　Open your textbook.
- 中文　请翻开教科书。
- Português　Abra o livro escolar.
- Filipino　Pakibuksan ninyo ang textbuk ninyo.

16

プリントを後ろへ回してください。
pu ri n to wo ushi ro e mawa shi te ku da sa i
- English　Pass out the handouts to a person behind.
- 中文　请将单子传到后面。
- Português　Favor passar a folha para trás.
- Filipino　Pakipasa ang printout sa likod.

18

これは宿題です。
ko re wa shuku dai de su
- English　This is the homework.
- 中文　这是作业。
- Português　Esta é uma tarefa escolar.
- Filipino　Ito ang assignment ninyo.

20

教室にあるものの名前
kyou shitsu ni　a ru mo no no na mae
- English　Things in the classroom
- 中文　教室里的东西的名称
- Português　A sala de aula
- Filipino　Pangalan ng mga bagay sa klasrum

22

給食 (kyuu shoku)
- E School lunch
- 中 学校午餐
- P Merenda
- F Tanghalian

給食当番はマスクをつけてください。
kyuu shoku tou ban wa ma su ku wo tsu ke te ku da sa i
- English　Lunch staff, put your masks on.
- 中文　午餐值日生请戴口罩。
- Português　O responsável pela merenda deve usar uma máscara.
- Filipino　Sa mga magsisilbi ng tanghalian, magsuot kayo ng mask.

24

いただきます。
i ta da ki ma su
- English: Itadakimasu.
- 中文: Itadakimasu.
- Português: Itadakimasu.
- Filipino: Itadakimasu.

㉖

食べられないものはありますか？
ta be ra re na i mo no wa a ri ma su ka
- English: Do you have anything you can't eat?
- 中文: 有不能吃的东西吗？
- Português: Há algo que você não pode comer?
- Filipino: Mayroon ka bang hindi puwedeng kainin?

㉘

日本の給食のこんだて
ni hon no kyuu shoku no ko n da te
- English: Menus of Japanese school lunch
- 中文: 日本学校午餐的菜谱
- Português: Menu das merendas escolares do Japão
- Filipino: Menu ng tanghalian sa eskuwelahan sa Japan

㉚

休み時間 (yasu mi ji kan)
- E Recess
- 中 休息时间
- P Intervalo
- F Oras ng pahinga

休み時間の間に水を飲みましょう。
yasu mi ji kan no aida ni mizu wo no mi ma sho u
- English: Drink water during recess.
- 中文: 请在课间休息时间喝水。
- Português: Vamos tomar água na hora do intervalo.
- Filipino: Uminom tayo ng tubig sa oras ng pahinga.

㉜

学校の場所
gakkou no ba sho
- English: Places at school
- 中文: 学校的场所
- Português: A escola
- Filipino: Mga lugar sa eskuwelahan

㉞

そうじ (so u ji)
- E Cleaning
- 中 扫除
- P Limpeza
- F Paglilinis

そうじをしましょう。
so u ji wo shi ma sho u
- English: Let's clean up.
- 中文: 开始扫除吧。
- Português: Vamos fazer a limpeza.
- Filipino: Maglinis tayo.

㊱

帰りの会 (kae ri no kai)
- E Afternoon homeroom meeting
- 中 放学前班会
- P Reunião de fim de aula
- F Miting sa oras ng uwian

手紙をおうちの人にわたしてください。
te gami wo o u chi no hito ni wa ta shi te ku da sa i
- English: Give the letter to your family.
- 中文: 请将通知交给家里人。
- Português: Entregue a carta para alguém de casa.
- Filipino: Pakibigay ninyo ang sulat sa isang kasambahay.

㊳

帰りの会のれんらく
kae ri no kai no re n ra ku
- English: Announcement at the afternoon homeroom meeting
- 中文: 放学前班会的联络事项
- Português: Comunicados da reunião de fim de aula
- Filipino: Report tungkol sa miting sa hapon

㊵

下校 (ge kou)
- E Going-home
- 中 放学
- P Saída da escola
- F Pag-uwi

気をつけて帰りましょう。
ki wo tsu ke te kae ri ma sho u
- English: Be careful going home.
- 中文: 回家路上要注意安全。
- Português: Voltem com cuidado.
- Filipino: Mag-ingat tayo sa pag-uwi.

㊷

わたしたちの教室へようこそ！
wa ta shi ta chi no kyou shitsu e yo u ko so

- **English** Welcome to our classroom!
- **中文** 欢迎你来我们教室！
- **Português** Bem vindo a nossa classe!
- **Filipino** Tuloy po kayo sa aming klasrum!

この本は、日本の学校に通っている
ko no hon wa   ni hon no gakkou ni kayo tte i ru

みなさんの力になるためにつくられました。
mi na sa n no chikara ni na ru ta me ni tsu ku ra re ma shi ta

- **E** This book is for the children studying in Japanese schools.
- **中** 这本书是为了帮助在日本学校上学的同学们而编写的。
- **P** Este livro será útil para todas as crianças que estão nas escolas do Japão.
- **F** Ginawa ang librong ito para tulungan ang mga batang pumapasok sa mga eskuwelahan sa Japan.

もしも、こんなふうに思っている人がいるなら、
mo shi mo ko n na fu u ni omo tte i ru hito ga i ru na ra

この本がきっと役に立ちます。
ko no hon ga ki tto yaku ni ta chi ma su

- **E** This book is useful for those who think as follows:
- **中** 如果你在为这些事情为难，这本书就一定会有帮助。
- **P** Este livro poderá ajudar todos que estão pensando do seguinte modo:
- **F** Makakatulong ang librong ito sa mga taong nag-iisip ng mga sumusunod na sitwasyon.

あしたの持ちものの中の
a shi ta no mo chi mo no no naka no

☐ってなんだろう？
tte na n da ro u

- **E** I want to know how to say "☐" which I need to bring tomorrow.
- **中** 明天要带去的☐是什么东西？
- **P** O que é ☐ que tenho que trazer amanhã?
- **F** Paano ko sasabihin ang ☐ na dapat kong dalhin bukas?

おれいを言いたいんだけど、
o re i wo i i ta i n da ke do

日本語ではなんて言うのかな。
ni hon go de wa na n te i u no ka na

- **E** I want to know how to say "Thank you" in Japanese.
- **中** 我想道谢，不知日语该怎么说。
- **P** Queria agradecer, mas não sei como falar em japonês.
- **F** Gusto ko sanang magpasalamat, pero paano ko ito sasabihin sa Japanese?

総監修のことば

近年、外国籍者の急増により、外国人児童が増加しています。南米からの日系人、中国籍、フィリピン籍など、その国籍はさまざまです。これらの児童にとって、日本語での学習はもちろん、日常生活そのものが困難で、多くの不安を抱えています。また、海外生活を経験した帰国子女も同様な悩みをもっています。本書は、そのような状況の子どもたちおよび彼らを受け入れる教職員が活用し、学校生活をより快適にすごせることを願い編集したものです。

青山学院大学教育人間科学部教育学科特任教授
柳下則久

本書では、日本語学習を始めたばかりの外国につながる児童と、そのまわりの人びとが、絵やことばを指さすだけで簡単に想いを伝え合うことができるように、学校生活を送るうえで使用頻度や必要性が高いことばを優先して掲載しました。また、外国人の保護者に、日本の学校生活を理解してもらう資料としても、役立つと思います。本書を活用することで、日本の学校で学ぶ子どもたちのだれもが、安心して、ゆたかに生活できることを願っています。

横浜市立青葉台中学校校長
森 博昭
（元横浜市教育委員会事務局指導部国際教育課主任指導主事）

おうちの人に、学校のことを伝えたい！

E I want to tell my family about my school!

中 我想告诉家里人学校的事情!

P Quero falar em casa sobre a escola!

F Gusto kong magsabi sa pamilya ko tungkol sa eskuwelahan!

こまっている子がいるわ。どうしたのか聞きたいな。

E Oh, he is in trouble. I want to ask him what has happened.

中 有同学在为难。我想问问他怎么了。

P Parece que aquela criança está com algum problema. Queria saber o que é.

F Parang may problema ang bata. Gusto ko siyang tanungin kung ano ang nangyari.

おしゃべりするきっかけがほしいな！

E I want a chance to talk with her!

中 我希望有个话题能开始和同学聊天!

P Queria ter uma dica para poder conversar!

F Sana may pagkakataon akong makipagkuwentuhan!

みなさんの日本での学校生活を、応援しています！

E We support your school life in Japan!

中 我们支持大家在日本的学校生活!

P Estamos torcendo para que todos tenham no Japão uma vida escolar bem proveitosa!

F Sumusuporta kami sa buhay ninyo sa eskuwelahan sa Japan!

English	Suggestions for using this book
中文	这本书的使用方法
Português	Modo de usar este livro
Filipino	Ang paggamit ng librong ito

『教室で使う みんなのことば』（全5巻）では、学校生活の中で使うさまざまな日本語に、英語・中国語・ポルトガル語・フィリピノ語の4か国語の訳をつけて紹介しています。

- **E** In "Phrases for everybody to use in the classroom" (5 volumes) various Japanese school-related phrases are translated into four languages: English, Chinese, Portuguese and Filipino.
- **中** 《在教室里大家用的词汇》（共5册），将在教室生活中使用的各种日语译成英语・中文・葡萄牙语・菲律宾语的四种语言。
- **P** O "Frases para todos usarem na sala de aula" (5 volumes) apresenta várias palavras usadas durante a vida escolar em 4 idiomas: português, inglês, chinês e filipino.
- **F** Ito ang "Mga salitang ginagamit ng lahat sa loob ng klasrum" (5 volume) na nakasulat sa Hapon, tungkol sa buhay sa eskuwelahan, na isinalin sa apat na wika: Ingles, Chinese, Portuges at Filipino.

●すべての日本語には、ローマ字で読みかたを併記しています。漢字には、ふりがなをふっています。

ローマ字読み	ふりがな
E Roman letters	E Furigana
中 利用英文字母标示的读音	中 注音假名
P Leitura em letra romana	P Furigana
F Roman letters	F Furigana
※ヘボン式表記を使用しています。	

- **E** You can read every Japanese phrase with the help of roman letters and furigana written beside kanji.
- **中** 所有的日语都用英文字母标示读法。汉字上标有注音假名。
- **P** Todas as palavras em japonês vêm com o modo de ler em letra romana. E, os kanjis vêm com "furigana".
- **F** Nakasulat sa Roman letters kung paano babasahin ang Japanese. May furigana naman ang mga nakasulat sa Kanji.

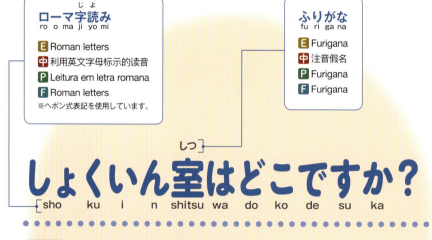

しょくいん室はどこですか？

English	Where is the teachers' office?
中文	老师办公室在哪儿？
Português	Onde é a sala dos professores?
Filipino	Saan ang kuwarto ng mga titser?

●英語・中国語・ポルトガル語・フィリピノ語には、それぞれマークをつけています。自分の使う言語を見つける目印にしてください。

- **E** Four languages, English, Chinese, Portuguese, Filipino, have four different marks on. You can easily find the language you want to check.
- **中** 英语・中文・葡萄牙语・菲律宾语，这四种语言前边分别有不同颜色的记号。请作为寻找自己的语言的标记。
- **P** Cada idioma, português, inglês, chinês e filipino tem uma marca. Procure pela marca para encontrar o seu idioma.
- **F** May marka ang bawat wika: Ingles, Chinese, Portuges at Filipino. Gamitin mo ang marka para hanapin ang sarili mong wika.

English/ 英語	English E
中文 / 中国語	中文 中
Português/ ポルトガル語	Português P
※ As palavras que tem flexão de gênero são apresentadas neste livro na ordem "masculino／feminino".	
Filipino/ フィリピノ語	Filipino F

このページのテーマ
ko no pe e ji no te e ma

- E The topic of this page
- 中 此页的主题
- P Título desta página
- F Ang topic ng page na ito

このページで取り上げた、おもな会話文
ko no pe e ji de to ri a ge ta o mo na kai wa bun

- E The dialogues introduced in this page
- 中 在此页出现的主要的会话文
- P Diálogos principais apresentados nesta página
- F Mga usapang ginamit sa page na ito

会話文
kai wa bun

- E Dialogues
- 中 会话文
- P Diálogo
- F Mga usapan

教職員のみなさんへ：この会話文を入口として、様々な話型を学習させてください。

日本の学校生活がもっとわかるコラム
ni hon no gakkou sei katsu ga mo tto wa ka ru ko ra mu

- E Clipping information to learn more about Japanese school life
- 中 让大家更加了解日本学校生活的一句话专栏
- P Para conhecer melhor a vida escolar
- F Maikling kolum para mas malaman ang tungkol sa buhay sa eskuwelahan sa Japan

会話に関係する単語。
kai wa ni kankei su ru tan go

会話文の中の色のついたことばと入れかえられます。
kai wa bun no naka no iro no tsu i ta ko to ba to i re ka e ra re ma su

- E You can substitute the colored words in the dialogues.
- 中 与会话相关的单词。可以和会话文中带颜色的词替换。
- P Vocabulários relacionados aos diálogos. Poderão substituir as palavras em cores dos diálogos.
- F Mga salitang may kinalaman sa usapan. Puwedeng palitan ang mga may kulay na salita sa usapan.

使ってみましょう！
tsuka tte mi ma sho u

- E Let's use the phrases!
- 中 试试看！
- P Palavra que se usa para indicar algo!
- F Subukan nating gamitin ito!

イラストや、自分の話す言語を指でさして、相手に伝えましょう。
i ra su to ya ji bun no hana su gen go wo yubi de sa shi te ai te ni tsuta e ma sho u

- E When you find the expression you want to say, point to the picture or the phrase of your language.
- 中 你想说的事，用手指指着图或自己所说的语言来告诉对方。
- P Transmita indicando com o dedo os desenhos e as palavras.
- F Ituro mo ang drowing o ang ginagamit mong wika sa kausap mo.

相手にも、指でさしてもらいましょう。
ai te ni mo yubi de sa shi te mo ra i ma sho u

- E Ask your partner to point to the picture or the phrase as well.
- 中 请对方也用手指。
- P Peça para que indique com o dedo.
- F Ipaturo mo rin sa kausap mo ang drowing o wikang ginagamit niya.

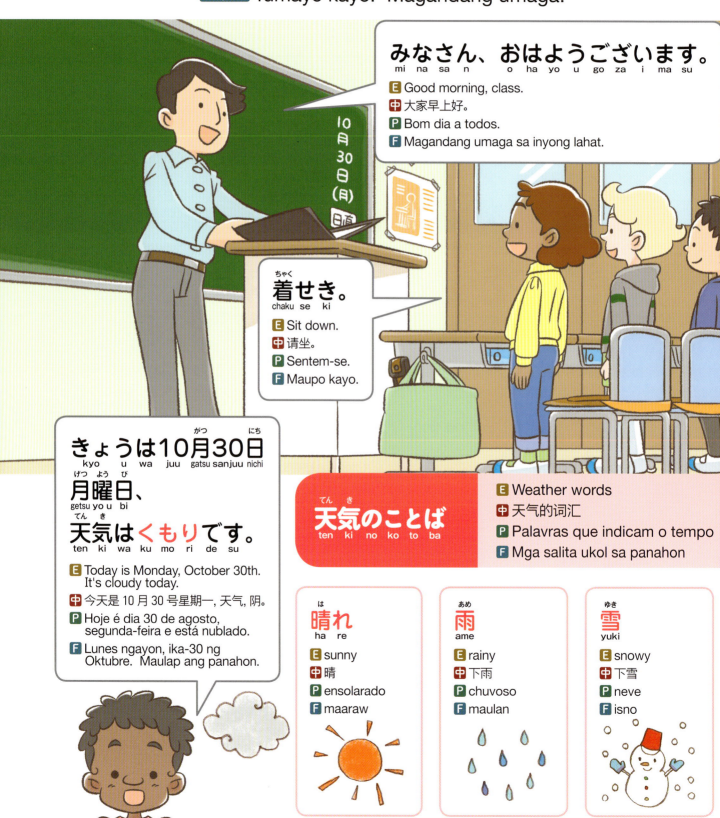

けんこうかんさつをします。
ke n ko u ka n sa tsu wo shi ma su
- E I'll check your health condition.
- 中 观察健康状况。
- P Vamos verificar a saúde de cada um.
- F Tsetsekin ko ang nararamdaman／kalusugan ninyo.

元気ですか？
gen ki de su ka
- E How are you?
- 中 你好吗?
- P Você está bem?
- F Kumusta ang pakiramdam mo?

はい、元気です。
ha i gen ki de su
- E I'm fine.
- 中 我很好。
- P Sim, estou bem.
- F Mabuti po.

体調をあらわすことば
tai chou wo a ra wa su ko to ba

- E Phrases for describing health condition
- 中 表示健康状况的词汇
- P Palavras que indicam as condições físicas
- F Mga salitang naglalarawan ng kalagayan ng katawan

具合が悪いです。
gu ai ga waru i de su
- E I feel bad.
- 中 不舒服。
- P Estou me sentindo mal.
- F Masama po ang pakiramdam ko.

かぜをひいています。
ka ze wo hi i te i ma su
- E I have a cold.
- 中 感冒了。
- P Estou resfriado／resfriada.
- F Mayroon po akong sipon.

おなかがいたいです。
o na ka ga i ta i de su
- E I have a stomachache.
- 中 肚子疼。
- P Tenho dor de barriga.
- F Masakit po ang tiyan ko.

ねむいです。
ne mu i de su
- E I'm sleepy.
- 中 困。
- P Estou com sono.
- F Inaantok po ako.

つかれています。
tsu ka re te i ma su
- E I'm tired.
- 中 累了。
- P Estou cansado／cansada.
- F Pagod po ako.

日づけと曜日
hi du ke to you bi

- **English** Dates and days
- **中文** 日期和星期
- **Português** Datas e dias da semana
- **Filipino** Petsa at araw

月 tsuki

- **E** Months
- **中** 月
- **P** Meses
- **F** Buwan

1月 ichi gatsu
- E January
- 中 一月
- P janeiro
- F Enero

2月 ni gatsu
- E February
- 中 二月
- P fevereiro
- F Pebrero

3月 san gatsu
- E March
- 中 三月
- P março
- F Marso

4月 shi gatsu
- E April
- 中 四月
- P abril
- F Abril

5月 go gatsu
- E May
- 中 五月
- P maio
- F Mayo

6月 roku gatsu
- E June
- 中 六月
- P junho
- F Hunyo

7月 shichi gatsu
- E July
- 中 七月
- P julho
- F Hulyo

8月 hachi gatsu
- E August
- 中 八月
- P agosto
- F Agosto

9月 ku gatsu
- E September
- 中 九月
- P setembro
- F Setyembre

10月 juu gatsu
- E October
- 中 十月
- P outubro
- F Oktubre

11月 juuichi gatsu
- E November
- 中 十一月
- P novembro
- F Nobyembre

12月 juuni gatsu
- E December
- 中 十二月
- P dezembro
- F Disyembre

曜日 you bi

- **E** Days
- **中** 星期
- **P** Dias da semana
- **F** Mga araw

月曜日 getsu you bi
- E Monday
- 中 星期一
- P segunda-feira
- F Lunes

火曜日 ka you bi
- E Tuesday
- 中 星期二
- P terça-feira
- F Martes

水曜日 sui you bi
- E Wednesday
- 中 星期三
- P quarta-feira
- F Miyerkoles

木曜日 moku you bi
- E Thursday
- 中 星期四
- P quinta-feira
- F Huwebes

金曜日 kin you bi
- E Friday
- 中 星期五
- P sexta-feira
- F Biyernes

土曜日 do you bi
- E Saturday
- 中 星期六
- P sábado
- F Sabado

日曜日 nichi you bi
- E Sunday
- 中 星期日
- P domingo
- F Linggo

日にち (hi ni chi)

- E Dates
- 中 日期
- P Datas
- F Petsa

1日 tsui tachi
- E first
- 中 一号
- P dia um (primeiro)
- F unang araw

2日 futsu ka
- E second
- 中 二号
- P dia dois
- F ikalawang araw

3日 mi kka
- E third
- 中 三号
- P dia três
- F ikatlong araw

4日 yo kka
- E fourth
- 中 四号
- P dia quatro
- F ikaapat na araw

5日 itsu ka
- E fifth
- 中 五号
- P dia cinco
- F ikalimang araw

6日 mui ka
- E sixth
- 中 六号
- P dia seis
- F ikaanim na araw

7日 nano ka
- E seventh
- 中 七号
- P dia sete
- F ikapitong araw

8日 you ka
- E eighth
- 中 八号
- P dia oito
- F ikawalong araw

9日 kokono ka
- E ninth
- 中 九号
- P dia nove
- F ikasiyam na araw

10日 too ka
- E tenth
- 中 十号
- P dia dez
- F ikasampung araw

11日 juuichi nichi
- E eleventh
- 中 十一号
- P dia onze
- F ikalabing-isang araw

12日 juuni nichi
- E twelfth
- 中 十二号
- P dia doze
- F ikalabindalawang araw

13日 juusan nichi
- E thirteenth
- 中 十三号
- P dia treze
- F ikalabintatlong araw

14日 juuyo kka
- E fourteenth
- 中 十四号
- P dia quatorze / catorze
- F ikalabing-apat na araw

15日 juugo nichi
- E fifteenth
- 中 十五号
- P dia quinze
- F ikalabinlimang araw

16日 juuroku nichi
- E sixteenth
- 中 十六号
- P dia dezesseis
- F ikalabing-anim na araw

17日 juushichi nichi
- E seventeenth
- 中 十七号
- P dia dezessete
- F ikalabimpitong araw

18日 juuhachi nichi
- E eighteenth
- 中 十八号
- P dia dezoito
- F ikalabingwalong araw

19日 juuku nichi
- E nineteenth
- 中 十九号
- P dia dezenove
- F ikalabinsiyam na araw

20日 hatsu ka
- E twentieth
- 中 二十号
- P dia vinte
- F ikadalawampung araw

21日 nijuuichi nichi
- E twenty-first
- 中 二十一号
- P dia vinte e um
- F ikadalawampu't isang araw

22日 nijuuni nichi
- E twenty-second
- 中 二十二号
- P dia vinte e dois
- F ikadalawampu't dalawang araw

23日 nijuusan nichi
- E twenty-third
- 中 二十三号
- P dia vinte e três
- F ikadalawampu't tatlong araw

24日 nijuuyo kka
- E twenty-fourth
- 中 二十四号
- P dia vinte e quatro
- F ikadalawampu't apat na araw

25日 nijuugo nichi
- E twenty-fifth
- 中 二十五号
- P dia vinte e cinco
- F ikadalawampu't limang araw

26日 nijuuroku nichi
- E twenty-sixth
- 中 二十六号
- P dia vinte e seis
- F ikadalawampu't anim na araw

27日 nijuushichi nichi
- E twenty-seventh
- 中 二十七号
- P dia vinte e sete
- F ikadalawampu't pitong araw

28日 nijuuhachi nichi
- E twenty-eighth
- 中 二十八号
- P dia vinte e oito
- F ikadalawampu't walong araw

29日 nijuuku nichi
- E twenty-ninth
- 中 二十九号
- P dia vinte e nove
- F ikadalawampu't siyam na araw

30日 sanjuu nichi
- E thirtieth
- 中 三十号
- P dia trinta
- F ikatatlumpung araw

31日 sanjuuichi nichi
- E thirty-first
- 中 三十一号
- P dia trinta e um
- F ikatatlumpu't isang araw

朝の会 asa no kai

- **E** Morning homeroom meeting
- **中** 朝会
- **P** Reunião matinal
- **F** Miting sa umaga

ハンカチを持ってきましたか？
ha n ka chi wo mo tte ki ma shi ta ka

- **English** Do you have your handkerchief?
- **中文** 手帕帯来了吗?
- **Português** Você trouxe lenço?
- **Filipino** Nagdala ba kayo ng panyo?

ハンカチを持ってきましたか？
ha n ka chi wo mo tte ki ma shi ta ka

- **E** Do you have your handkerchief?
- **中** 手帕帯来了吗?
- **P** Você trouxe lenço?
- **F** Nagdala ba kayo ng panyo?

わすれました。
wa su re ma shi ta

- **E** I forgot.
- **中** 我忘了。
- **P** Esqueci.
- **F** Nakalimutan ko po.

持ってきました。
mo tte ki ma shi ta

- **E** Yes, I do.
- **中** 帯来了。
- **P** Sim, eu trouxe.
- **F** Opo, nagdala po ako.

朝の会の前にすること
asa no kai no mae ni su ru ko to

- **E** Routine before morning homeroom meeting
- **中** 在朝会前要做的事
- **P** O que fazer antes da reunião matinal
- **F** Mga gagawin bago ng miting

教科書などは つくえの中にしまう。
kyou ka sho na do wa / tsu ku e no naka ni shi ma u

- **E** Put the textbooks in the desk.
- **中** 将教科书等放进课桌里。
- **P** Os livros, cadernos e estojo devem ser guardados dentro da mesa.
- **F** Iligpit ninyo ang textbuk at iba pang gamit ninyo sa loob ng desk／mesa.

宿題を提出する。
shuku dai wo tei shutsu su ru

- **E** Hand in the homework.
- **中** 交作业。
- **P** Entregar as tarefas escolares.
- **F** Ibigay ninyo ang assignment ninyo sa titser.

ランドセルはロッカーへ。
ra n do se ru wa ro kka a e

- **E** Put the school bag in the shelf.
- **中** 将书包放进柜子里。
- **P** O "randoseru" (mochila escolar) deve ser guardado na sua estante.
- **F** Iligpit ninyo sa locker ang bag／backpack ninyo.

持ちもの
mo chi mo no

- E Personal belongings
- 中 携帯物品
- P O que trazer
- F Mga sariling gamit

ランドセル
ra n do se ru

- E school bag
- 中 (小学生) 书包
- P mochila escolar
- F bag ／ backpack

うわばき
u wa ba ki

- E indoor shoes
- 中 校内鞋
- P calçado de uso interno
- F sapatos para sa loob ng eskuwelahan

赤白ぼうし
aka shiro bo u shi

- E red and white cap
- 中 红白帽
- P boné vermelho-branco
- F pula at puting sombrero

体育着
tai iku gi

- E PE uniform
- 中 体操服
- P uniforme de educação física
- F uniform na pang-P.E.

ハンカチ
ha n ka chi

- E handkerchief
- 中 手帕
- P lenço
- F panyo

ティッシュ
thi sshu

- E tissue paper
- 中 纸巾
- P tissue ／ lenço de papel
- F tissue paper

名ふだ
na fu da

- E name tag
- 中 姓名卡
- P crachá
- F I.D. ／ name tag

筆箱
fudebako

- E pencil case
- 中 铅笔盒
- P estojo
- F pencil case

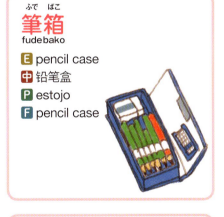

れんらく帳
re n ra ku chou

- E communication notebook
- 中 联络事项记录本
- P caderno para comunicações
- F communication notebook (ng titser at magulang)

教科書
kyou ka sho

- E textbook
- 中 教科书
- P livro escolar
- F textbuk

ノート
no o to

- E notebook
- 中 笔记本
- P caderno
- F notbuk

下じき
shita ji ki

- E pencil board
- 中 垫板
- P prancha para pôr sob o papel quando for escrever
- F pang-ilalim na pad

授業 ju gyou

- E Class
- 中 上课
- P Aula
- F Klase

これから国語の授業をはじめます。
ko re ka ra koku go no ju gyou wo ha ji me ma su

- **English** We'll start Japanese class now.
- **中文** 下面开始上国语课。
- **Português** Vamos começar a aula de língua japonesa.
- **Filipino** Magsisimula na ngayon ang klase ng Wikang Hapon.

国語の授業をはじめます。
koku go no ju gyou wo / ha ji me ma su

- E We'll start Japanese class.
- 中 开始上国语课。
- P Vamos começar a aula de língua japonesa.
- F Magsisimula na ang klase ng Wikang Hapon.

2時間目は理科です。
ni ji kan me wa ri ka de su

- E The second period is science.
- 中 第二节课是理科。
- P A segunda aula é ciências.
- F Agham／Science ang 2nd period natin.

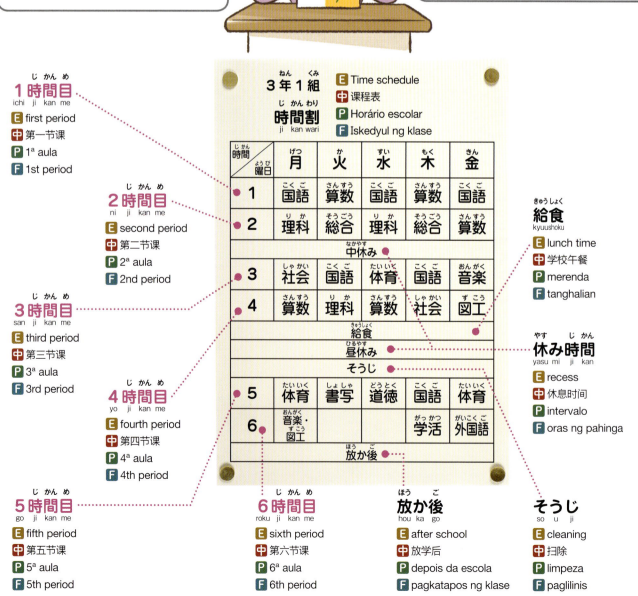

1時間目 ichi ji kan me
- E first period
- 中 第一节课
- P 1ª aula
- F 1st period

2時間目 ni ji kan me
- E second period
- 中 第二节课
- P 2ª aula
- F 2nd period

3時間目 san ji kan me
- E third period
- 中 第三节课
- P 3ª aula
- F 3rd period

4時間目 yo ji kan me
- E fourth period
- 中 第四节课
- P 4ª aula
- F 4th period

5時間目 go ji kan me
- E fifth period
- 中 第五节课
- P 5ª aula
- F 5th period

6時間目 roku ji kan me
- E sixth period
- 中 第六节课
- P 6ª aula
- F 6th period

放か後 hou ka go
- E after school
- 中 放学后
- P depois da escola
- F pagkatapos ng klase

給食 kyuushoku
- E lunch time
- 中 学校午餐
- P merenda
- F tanghalian

休み時間 yasu mi ji kan
- E recess
- 中 休息时间
- P intervalo
- F oras ng pahinga

そうじ so u ji
- E cleaning
- 中 扫除
- P limpeza
- F paglilinis

教科の名前
きょう か な まえ
kyou ka no na mae

- E Subject names
- 中 学科的名称
- P Matérias
- F Pangalan ng aralin ／ sabjek

国語 (koku go)
- E Japanese
- 中 国语
- P língua japonesa
- F wikang hapon

算数 (san suu)
- E mathematics
- 中 算数／算术
- P matemática
- F arithmetic

理科 (ri ka)
- E science
- 中 理科
- P ciências
- F agham ／ science

社会 (sha kai)
- E social studies
- 中 社会
- P estudos sociais
- F social studies

せいかつ (se i ka tsu)
- E living environment studies
- 中 生活
- P vivência
- F pang-araw-araw na buhay

体育 (tai iku)
- E PE
- 中 体育
- P educação física
- F P.E.

ほけん (ho ke n)
- E health education
- 中 保健
- P saúde
- F health

図工 (zu kou)
- E drawing and crafts
- 中 图画手工
- P educação artística
- F art

家庭科 (ka tei ka)
- E home economics
- 中 家事课／家庭课
- P atividades do lar
- F home economics

学活（学級活動） (gakkatsu / gakkyuukatsudou)
- E class activities
- 中 班级活动
- P atividades da classe
- F gawain sa loob ng klasrum

外国語（英語） (gai koku go / ei go)
- E foreign language (English)
- 中 外语 (英语)
- P língua estrangeira (inglês)
- F wikang banyaga (Ingles)

音楽 (on gaku)
- E music
- 中 音乐
- P música
- F musika

書写 (sho sha)
- E calligraphy
- 中 书写
- P caligrafia
- F calligraphy

道徳 (dou toku)
- E moral education
- 中 道德
- P educação moral
- F kagandahang-asal

総合的な学習の時間 (sou gou teki na gakushuu no ji kan)
- E integrated studies
- 中 综合学习时间
- P estudos integrados
- F pangkalahatang pag-aaral

15

授業 (じゅぎょう / ju gyou)

- E Class
- 中 上课
- P Aula
- F Klase

教科書をひらいてください。
きょう か しょ
kyou ka sho wo hi ra i te ku da sa i

- English: Open your textbook.
- 中文: 请翻开教科书。
- Português: Abra o livro escolar.
- Filipino: Pakibuksan ninyo ang textbuk ninyo.

教科書の12ページを ひらいてください。
kyou ka sho no juu ni pe e ji wo / hi ra i te ku da sa i

- E Open your textbook to page 12.
- 中 请翻开教科书的第12页。
- P Abram o livro escolar na página 12.
- F Pakibuksan ninyo ang textbuk ninyo sa page 12.

黒板を見てください。
koku ban wo mi te ku da sa i

- E Look at the blackboard.
- 中 请看黑板。
- P Vejam a lousa.
- F Tumingin kayo dito sa blackboard.

ノートに書いてください。
no o to ni ka i te ku da sa i

- E Write in your notebook.
- 中 请写到笔记本上。
- P Escrevam no caderno.
- F Pakisulat ito sa notbuk ninyo.

16

授業中のマナー
じゅ ぎょう ちゅう
ju gyou chuu no ma na a

- **E** Manners during class
- **中** 上课时的规矩
- **P** Durante as aulas
- **F** Tamang asal sa klase

自分のせきにすわって授業を受けます。
じ ぶん   じゅ ぎょう
ji bun no se ki ni su wa tte ju gyou wo u ke ma su

- **E** Take a class in your seat.
- **中** 坐在自己的座位上听课。
- **P** Fique sentado na sua carteira.
- **F** Umupo kayo sa sarili ninyong silya at makinig sa klase.

かってに席をはなれては
せき
ka tte ni seki wo ha na re te wa

いけません。
i ke ma se n

- **E** Don't leave your seat without permission.
- **中** 不许随便离开座位。
- **P** Não deixe o seu assento.
- **F** Hindi kayo puwedeng umalis ng upuan nang walang paalam.

足のうらはゆかにつけます。
あし
ashi no u ra wa yu ka ni tsu ke ma su

- **E** Put the bottom of your feet on the floor.
- **中** 将双脚放到地上。
- **P** Coloque a sola dos pés no chão.
- **F** Ilapat ninyo ang talampakan ninyo sa sahig.

しつもんがあるときは
shi tsu mo n ga a ru to ki wa

手をあげます。
て
te wo a ge ma su

- **E** When you have a question, raise your hand.
- **中** 有疑问时举手。
- **P** Levante a mão quando quiser perguntar algo.
- **F** Kung may tanong kayo, itaas ninyo ang kamay ninyo.

せすじをのばします。
se su ji wo no ba shi ma su

- **E** Sit up straight.
- **中** 挺直背。
- **P** Fique com as costas eretas.
- **F** Umupo kayo nang tuwid ang likod.

つくえにひじをついてはいけません。
tsu ku e ni hi ji wo tsu i te wa i ke ma se n

- **E** Don't put your elbow on the desk.
- **中** 不要将胳膊肘支在桌子上。
- **P** Não apoie o cotovelo na mesa.
- **F** Huwag ninyong ilagay ang siko ninyo sa mesa.

読む・書く
よ   か
yo mu   ka ku

- **E** Read・Write
- **中** 读・写
- **P** Ler・Escrever
- **F** Magbasa・Magsulat

教科書を読んでください。
きょう か しょ   よ
kyou ka sho wo yo n de ku da sa i

- **E** Read the textbook.
- **中** 请读教科书。
- **P** Leia o livro escolar.
- **F** Pakibasa ang textbuk.

線を引いてください。
せん ひ
sen wo hi i te ku da sa i

- **E** Draw a line.
- **中** 请划上线。
- **P** Sublinhe.
- **F** Magdrowing ng linya.

丸をつけてください。
まる
maru wo tsu ke te ku da sa i

- **E** Put a circle on.
- **中** 请划圆圈。
- **P** Marque com um círculo.
- **F** Pakibilugan.

17

授業 (ju gyou)

- **E** Class
- **中** 上课
- **P** Aula
- **F** Klase

プリントを後ろへ回してください。
pu ri n to wo ushi ro e mawa shi te ku da sa i

English Pass out the handouts to a person behind.
中文 请将单子传到后面。
Português Favor passar a folha para trás.
Filipino Pakipasa ang printout sa likod.

プリントを後ろへ回してください。
pu ri n to wo ushi ro e mawa shi te ku da sa i

- **E** Pass out the handouts to a person behind.
- **中** 请将单子传到后面。
- **P** Passem as folhas para trás.
- **F** Pakipasa ang printout sa likod.

後ろの人はプリントを集めてください。
ushi ro no hito wa pu ri n to wo atsu me te ku da sa i

- **E** Those sitting in the back row, collect the handouts.
- **中** 请后面的人将单子收上来。
- **P** A última pessoa deve recolher as folhas.
- **F** Mga bata sa likod, pakikolekta ang mga printout.

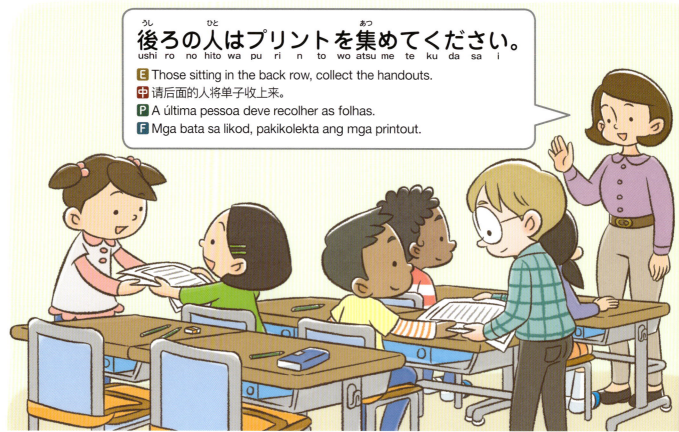

班ごとにプリントを集めてください。

- E Collect the handouts in a group.
- 中 请各个小组把单子收上来。
- P Recolham as folhas em grupos.
- F Pakikolekta ang mga printout ng bawat grupo.

配ってください。

- E Pass out.
- 中 请发下去。
- P Favor distribuir.
- F Paki-distribute.

しまってください。

- E Put away.
- 中 请收起来。
- P Favor guardar.
- F Pakiligpit.

提出してください。

- E Hand in.
- 中 请交上来。
- P Favor entregar.
- F Pakibigay ninyo iyan sa titser.

授業 (じゅぎょう / ju gyou)
- E Class
- 中 上课
- P Aula
- F Klase

これは宿題です。(しゅくだい)
ko re wa shuku dai de su

English: This is the homework.
中文: 这是作业。
Português: Esta é uma tarefa escolar.
Filipino: Ito ang assignment ninyo.

教科書を読んできてください。(きょうかしょ・よ)
kyou ka sho wo yo n de ki te ku da sa i

- E Read the textbook at home.
- 中 请回家读教科书。
- P Leiam o livro escolar.
- F Basahin ninyo ang textbuk sa bahay bago kayo pumasok sa eskuwelahan.

これはきょうの宿題です。(しゅくだい)
ko re wa kyo u no shuku dai de su

- E This is today's homework.
- 中 这是今天的作业。
- P Esta é a tarefa escolar de hoje.
- F Ito ang assignment ninyo ngayon.

10月30日（月）
日直

たのしい国語

20

答え合わせをしてきてください。
kota e a wa se wo shi te ki te ku da sa i

- **E** Check your answers at home.
- **中** 回家对好答案。
- **P** Vamos corrigir.
- **F** Pakitsek ninyo ang sagot ninyo sa bahay.

あしたの朝、先生のつくえに提出してください。
a shi ta no asa sen sei no tsu ku e ni tei shutsu shi te ku da sa i

- **E** Put your homework on my desk tomorrow morning.
- **中** 明天早晨交到老师的讲桌上。
- **P** Ponham na mesa do professor amanhã de manhã.
- **F** Bukas ng umaga, pakilagay ninyo ang assignment ninyo sa mesa ng titser.

宿題 shuku dai

- **E** Homework
- **中** 作业
- **P** Tarefas escolares
- **F** Assignment

プリントをやってきてください。
pu ri n to wo ya tte ki te ku da sa i

- **E** Do the handout.
- **中** 回家将单子做完。
- **P** Complete a folha.
- **F** Gawin ninyo ang printout.

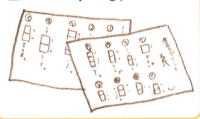

絵日記をかいてきてください。
e nikki wo ka i te ki te ku da sa i

- **E** Draw a picture diary.
- **中** 回家写绘画日记。
- **P** Escreva o diário com desenho.
- **F** Magdrowing kayo ng picture diary.

音読をしてきてください。
on doku wo shi te ki te ku da sa i

- **E** Read aloud the textbook.
- **中** 回家朗读。
- **P** Faça a leitura em voz alta.
- **F** Pakibasa nang malakas.

漢字練習をしてきてください。
kan ji ren shuu wo shi te ki te ku da sa i

- **E** Practice kanji.
- **中** 回家做汉字练习。
- **P** Faça o treino de "kanji".
- **F** Magsanay kayo ng pagsusulat ng kanji.

ドリルの18ページをやってきてください。
do ri ru no juuhachi pe e ji wo ya tte ki te ku da sa i

- **E** Practice page 18 in the drill book.
- **中** 回家做练习册的第18页。
- **P** Faça a página 18 do livro de exercícios.
- **F** Gawin ninyo ang drill sa page 18.

給食 (kyuu shoku)

- **E** School lunch
- **中** 学校午餐
- **P** Merenda
- **F** Tanghalian

給食当番はマスクをつけてください。
(kyuu shoku tou ban wa ma su ku wo tsu ke te ku da sa i)

- **English** Lunch staff, put your masks on.
- **中文** 午餐值日生请戴口罩。
- **Português** O responsável pela merenda deve usar uma máscara.
- **Filipino** Sa mga magsisilbi ng tanghalian, magsuot kayo ng mask.

給食当番はマスクをつけてください。
(kyuu shoku tou ban wa ma su ku wo tsu ke te ku da sa i)

- **E** Lunch staff, put your masks on.
- **中** 午餐值日生请戴口罩。
- **P** Os responsáveis pela merenda devem usar máscaras.
- **F** Sa mga magsisilbi ng tanghalian, magsuot kayo ng mask.

白衣を着ましょう。
(haku i wo ki ma sho u)

- **E** Put your white smocks on.
- **中** 穿上白衣。
- **P** Vistam o jaleco.
- **F** Magsuot tayo ng puting robe.

ぼうし (bo u shi)
- **E** cap
- **中** 帽子
- **P** gorro
- **F** cap

マスク (ma su ku)
- **E** mask
- **中** 口罩
- **P** máscara
- **F** mask

白衣 (haku i)
- **E** white smock
- **中** 白衣
- **P** jaleco
- **F** puting robe

ぼうしを かぶってください。 (bo u shi wo ka bu tte ku da sa i)
- **E** Put your caps on.
- **中** 戴上帽子。
- **P** Ponham o gorro.
- **F** Magsuot kayo ng cap.

給食当番のマナー (kyuu shoku tou ban no ma na a)

- **E** Manners of lunch staff
- **中** 午餐值日生的规则
- **P** Obrigações dos responsáveis pela merenda
- **F** Tamang asal ng mga magsisilbi ng tanghalian

かみの毛はすべて (ka mi no ke wa su be te)
ぼうしの中にしまいます。 (bo u shi no naka ni shi ma i ma su)
- **E** Put your hair inside the cap.
- **中** 要将头发全部收进帽子里。
- **P** Coloquem o cabelo dentro do gorro.
- **F** Ipasok sa loob ng cap ang buhok ninyo.

白衣は家であらってきます。 (haku i wa ie de a ra tte ki ma su)
- **E** Wash your white smock at home.
- **中** 将白衣在家里洗干净。
- **P** Os jalecos devem ser lavados em casa.
- **F** Labhan ang puting robe sa bahay.

つめは切っておきます。 (tsu me wa ki tte o ki ma su)
- **E** Cut your nails.
- **中** 将指甲剪好。
- **P** Cortem as unhas.
- **F** Gupitin ang mga kuko.

給食の前には石けんで手をあらいましょう。
kyuu shoku no mae ni wa sekke n de te wo a ra i ma sho u

- E Wash your hands with soap before lunch.
- 中 在午餐前要用肥皂洗手。
- P Lavem as mãos com sabonete antes do almoço.
- F Bago kumain ng tanghalian, gamit ang sabon, maghugas tayo ng kamay.

給食当番の仕事
kyuu shoku tou ban no shi goto

- E Work of lunch staff
- 中 午餐值日生的工作
- P O trabalho do responsável pela merenda
- F Gawain ng mga magsisilbi ng tanghalian

給食室から教室へ給食を運びます。
kyuu shoku shitu ka ra kyou shitsu e kyuu shoku wo hako bi ma su

- E Bring lunch from the lunch room to the classroom.
- 中 将午餐从供餐室搬运到教室。
- P Carregar a merenda da cozinha até a classe.
- F Magdala ng pagkain mula sa pinaghandaan ng pagkain hanggang sa klasrum.

もりつけます。
mo ri tsu ke ma su

- E Serve.
- 中 盛饭菜。
- P Servir a merenda.
- F Maghanda ng pagkain.

配ります。
kuba ri ma su

- E Pass out.
- 中 分给大家。
- P Distribuir a merenda.
- F Maghain ng pagkain.

配ぜん台をふきます。
hai ze n dai wo fu ki ma su

- E Clean the lunch table.
- 中 擦分饭台。
- P Limpar a mesa para distribuição da merenda.
- F Punasan ang silbihang-mesa.

つくえをふきます。
tsu ku e wo fu ki ma su

- E Clean the desks.
- 中 擦桌子。
- P Limpar as mesas.
- F Punasan ang mesa.

かたづけます。
ka ta du ke ma su

- E Clean up.
- 中 收拾。
- P Arrumar.
- F Maglinis at magligpit.

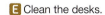

25

給食 (きゅうしょく) kyuu shoku

- E School lunch
- 中 学校午餐
- P Merenda
- F Tanghalian

いただきます。
i ta da ki ma su

- English: Itadakimasu.
- 中文: Itadakimasu.
- Português: Itadakimasu.
- Filipino: Itadakimasu.

いただきます。

いただきます。

おなかがすきました。
o na ka ga su ki ma shi ta

- E I'm hungry.
- 中 我肚子饿了。
- P Estou com fome.
- F Gutom ako.

食事の前とあとのあいさつ
shoku ji no mae to ato no aisatsu

- E What you say before and after the meals
- 中 吃饭前后的问候语
- P Saudação para antes e depois de comer
- F Mga sinasabi bago at pagkatapos kumain

「いただきます」「ごちそうさま」は、外国にはないことばです。
i ta da ki ma su　go chi so u sa ma　wa　gai koku ni wa nai ko to ba de su

- E It is difficult to find the phrases such as "いただきます" and "ごちそうさま" in foreign languages.
- 中 "いただきます" "ごちそうさま" 是别国国家没有的问候语。
- P Não existem os termos "いただきます" e "ごちそうさま" no exterior.
- F Wala sa wika ng ibang bansa ang "いただきます" at "ごちそうさま".

食ざいそのものや、食ざいや料理を用意してくれた人などへの
shoku zai so no mo no ya　shoku zai ya ryouri wo youi shi te ku re ta hito na do e no
感謝の気持ちがこめられています。
kan sha no ki mo chi ga ko me ra re te i ma su

- E We say the phrases to show appreciation to foods and to the people who prepared.
- 中 含有对食材本身和为自己准备食材及饭菜的人表示感谢的心情。
- P Demonstra gratidão aos alimentos e também a todos que prepararam a comida e os ingredientes.
- F Magpasalamat tayo para sa pagkain, sa mga sangkap, sa mga taong naghanda at nagluto ng pagkain at iba pa.

味のしゅるい
aji no shu ru i

- E Types of tastes
- 中 味道的种类
- P Tipos de sabores
- F Mga klase ng lasa

あまい / a ma i
- E sweet
- 中 甜
- P doce
- F matamis

すっぱい / su ppa i
- E sour
- 中 酸
- P azedo
- F maasim

しょっぱい / sho ppa i
- E salty
- 中 咸
- P salgado
- F maalat

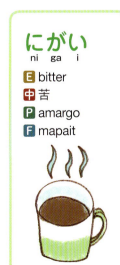

にがい / ni ga i
- E bitter
- 中 苦
- P amargo
- F mapait

からい / ka ra i
- E hot
- 中 辣
- P picante
- F maanghang

給食 kyuu shoku

- E School lunch
- 中 学校午餐
- P Merenda
- F Tanghalian

食べられないものはありますか？
ta be ra re na i mo no wa a ri ma su ka

- English Do you have anything you can't eat?
- 中文 有不能吃的东西吗？
- Português Há algo que você não pode comer?
- Filipino Mayroon ka bang hindi puwedeng kainin?

食べられないものはありますか？
ta be ra re na i mo no wa a ri ma su ka
- E Do you have anything you can't eat?
- 中 你有不能吃的东西吗？
- P Há algo que você não pode comer?
- F Mayroon ka bang hindi puwedeng kainin?

これは食べられません。
ko re wa ta be ra re ma se n
- E I can't eat this.
- 中 我不能吃这个。
- P Não posso comer isso.
- F Hindi ko po makain ito.

これは食べられます。
ko re wa ta be ra re ma su
- E I can eat this.
- 中 我能吃这个。
- P Posso comer isso.
- F Nakakain ko po ito.

これは苦手です。
ko re wa niga te de su
- E I'm not fond of this.
- 中 我讨厌这个。
- P Não consigo comer isso.
- F Hindi ko po gusto ito.

好きな食べものはカレーライスです。
su ki na ta be mo no wa ka re e ra i su de su

- **E** My favorite food is curry and rice.
- **中** 我喜欢的食物是咖喱饭。
- **P** Gosto de "kare raisu" (curry).
- **F** Curry rice po ang paborito kong pagkain.

おかわりはできますか？
o ka wa ri wa de ki ma su ka

- **E** Can I have a second plate ?
- **中** 吃完了可以再添吗?
- **P** Posso repetir?
- **F** Puwede po bang humingi ulit ng pagkain?

ごはんはおかわりができます。
go ha n wa o ka wa ri ga de ki ma su

- **E** You can have a second bowl of rice.
- **中** 饭吃完了可以再添。
- **P** Você pode repetir o arroz.
- **F** Puwede kang humingi ulit ng kanin.

宗教で食べられないもの
shuukyou de ta be ra re na i mo no

- **E** Foods prohibited by religion
- **中** 因宗教而不能吃的东西
- **P** Alimentos não consumíveis por razões religiosas
- **F** Mga hindi kinakain dahil sa relihiyon

信じている宗教によっては、食べてはいけない食ざいがあります。
shin ji te i ru shuu kyou ni yo tte wa ta be te wa i ke na i shoku za i ga a ri ma su

- **E** There are prohibited foods according to the religion people believe.
- **中** 根据所信奉的宗教，有不可以吃的食材。
- **P** Há alimentos que não se pode consumir por causa da religião.
- **F** Depende sa pinaniniwalaang relihiyon, iba-iba ang ipinagbabawal na sangkap ng pagkain.

たとえば、牛肉が食べられなかったり、
ta to e ba gyuu niku ga ta be ra re na ka tta ri

ぶた肉が食べられなかったりする宗教があります。
bu ta niku ga ta be ra re na ka tta ri su ru shuu kyou ga a ri ma su

- **E** Some people do not eat beef and others do not eat pork according to their religion.
- **中** 比如说有不能吃牛肉的宗教，也有不能吃猪肉的宗教。
- **P** Por exemplo, há religiões que não admitem o consumo de carne bovina ou suína.
- **F** Halimbawa, may mga relihiyong nagbabawal na kumain ng karne ng baka o baboy.

日本の給食のこんだて
ni hon no kyuu shoku no ko n da te

- **English** Menus of Japanese school lunch
- **中文** 日本学校午餐的菜谱
- **Português** Menu das merendas escolares do Japão
- **Filipino** Menu ng tanghalian sa eskuwelahan sa Japan

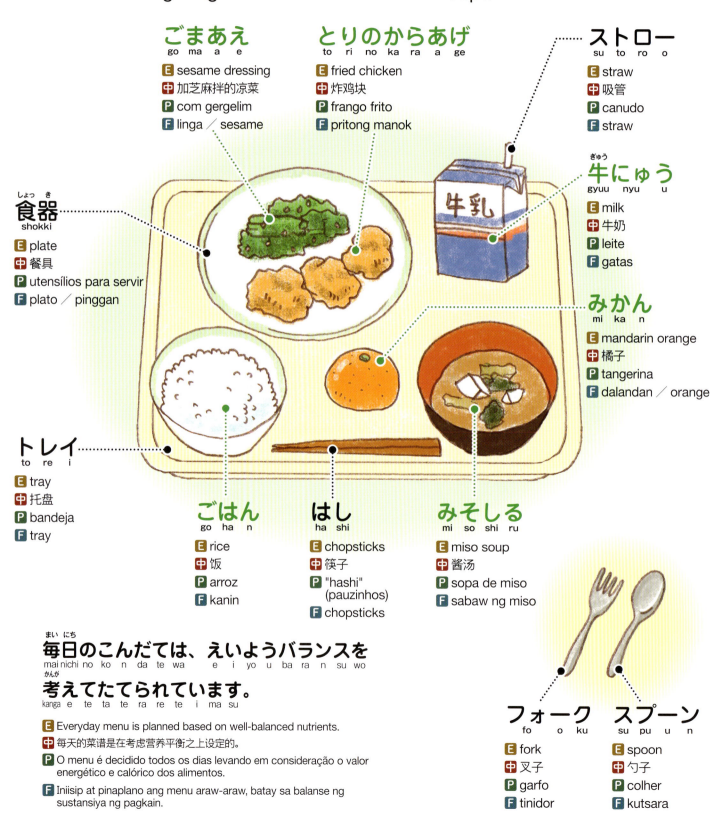

ごまあえ (go ma a e)
- E sesame dressing
- 中 加芝麻拌的凉菜
- P com gergelim
- F linga ／ sesame

とりのからあげ (to ri no ka ra a ge)
- E fried chicken
- 中 炸鸡块
- P frango frito
- F pritong manok

ストロー (su to ro o)
- E straw
- 中 吸管
- P canudo
- F straw

食器 (shokki)
- E plate
- 中 餐具
- P utensílios para servir
- F plato ／ pinggan

牛にゅう (gyuu nyu u)
- E milk
- 中 牛奶
- P leite
- F gatas

みかん (mi ka n)
- E mandarin orange
- 中 橘子
- P tangerina
- F dalandan ／ orange

トレイ (to re i)
- E tray
- 中 托盘
- P bandeja
- F tray

ごはん (go ha n)
- E rice
- 中 饭
- P arroz
- F kanin

はし (ha shi)
- E chopsticks
- 中 筷子
- P "hashi" (pauzinhos)
- F chopsticks

みそしる (mi so shi ru)
- E miso soup
- 中 酱汤
- P sopa de miso
- F sabaw ng miso

フォーク (fo o ku)
- E fork
- 中 叉子
- P garfo
- F tinidor

スプーン (su pu u n)
- E spoon
- 中 勺子
- P colher
- F kutsara

毎日のこんだては、えいようバランスを考えてたてられています。
mai nichi no ko n da te wa e i you ba ra n su wo kanga e te ta te ra re te i ma su

- E Everyday menu is planned based on well-balanced nutrients.
- 中 每天的菜谱是在考虑营养平衡之上设定的。
- P O menu é decidido todos os dias levando em consideração o valor energético e calórico dos alimentos.
- F Iniisip at pinaplano ang menu araw-araw, batay sa balanse ng sustansiya ng pagkain.

30

給食で出る食べもの
kyuu shoku de de ru ta be mo no

- E Food in the school lunch
- 中 学校午餐提供的食物
- P O que é servido na merenda escolar
- F Pagkain sa tanghalian

パン
pa n
- E bread
- 中 面包
- P pão
- F tinapay

スパゲッティ
su pa ge tthi
- E spaghetti
- 中 意大利面
- P espaguete
- F spaghetti

シチュー
shi chu u
- E stew
- 中 西洋炖汤
- P "stew" (cozido)
- F nilaga

魚フライ
sakana fu ra i
- E fried fish
- 中 炸鱼
- P peixe frito
- F pritong isda

肉じゃが
niku ja ga
- E beef and potato stew
- 中 土豆炖肉
- P cozido de batatas e carne bovina
- F nilagang karne't patatas

とんじる
to n ji ru
- E miso soup with pork and vegetable
- 中 猪肉酱汤
- P sopa com carne suína e legumes
- F sopas ng miso (may baboy at gulay)

ボイルキャベツ
bo i ru kya be tsu
- E boiled cabbage
- 中 烫卷心菜
- P repolho cozido
- F nilagang repolyo

なっとう
na tto u
- E fermented soybeans
- 中 纳豆
- P "natto"(feijões fermentados)
- F "natto" (fermented soy beans)

くだもの
ku da mo no
- E fruits
- 中 水果
- P frutas
- F prutas

アレルギーのために食べられない食ざいがあれば、先生にそれを伝えましょう。
a re ru gi i no ta me ni ta be ra re na i shoku za i ga a re ba　sen sei ni so re wo tsuta e ma sho u

- E Tell the teacher if you have any food you can't eat because of allergy.
- 中 如果因过敏症有不能吃的食材的话，请告诉老师。
- P Diga ao professor se houver algum alimento que não pode consumir por causa de alergia.
- F Kung may sangkap na hindi ninyo puwedeng kainin dahil sa allergy, sabihin natin ito sa titser.

水飲み場の注意
mizu no mi ba no chuu i

- E Notice rules of drinking water fountain
- 中 饮水处的注意事项
- P Regras para quando for tomar água no bebedouro
- F Mga dapat ingatan sa pag-inom ng tubig sa gripo

じゃぐち
ja gu chi

- E tap
- 中 水龙头
- P torneira
- F gripo

石けん
sekke n

- E soap
- 中 香皂
- P sabonete
- F sabon

じゃぐちに口をつけてはいけません。
ja gu chi ni kuchi wo tsu ke te wa i ke ma se n

- E Don't put your mouth to the tap.
- 中 不可以把嘴贴到水龙头上。
- P Não ponha a boca diretamente na torneira.
- F Huwag ilapat ang bibig sa gripo.

石けんをむだづかいしてはいけません。
sekke n wo mu da du ka i shi te wa i ke ma se n

- E Don't waste the soap.
- 中 不可以浪费香皂。
- P Não desperdice o sabonete.
- F Huwag aksayahin ang sabon.

水を出しっぱなしにしてはいけません。
mizu wo da shi ppa na shi ni shi te wa i ke ma se n

- E Don't leave the water running.
- 中 不可以用完水后不关水龙头。
- P Não deixe a torneira aberta.
- F Huwag iwanang nakabukas ang tubig.

まわりがぬれたらぞうきんでふきましょう。
ma wa ri ga nu re ta ra zo u ki n de fu ki ma sho u

- E Wipe the water with a rag.
- 中 周围弄湿了的话要用抹布擦干。
- P Se molhar ao redor, limpe com um pano.
- F Kapag basa ang paligid, punasan natin ito ng basahan.

じゃぐちを上げたら下げましょう。
ja gu chi wo a ge ta ra sa ge ma sho u

- E Lower the tap after drinking.
- 中 将饮水口扭到朝上的话要扭回到朝下。
- P Se levantar a torneira, abaixe.
- F Kapag itinaas ang bibig ng gripo, ibaba rin natin ito.

自分のハンカチで手をふきましょう。
ji bun no ha n ka chi de te wo fu ki ma sho u

- E Wipe your hands with your handkerchief.
- 中 用自己的手帕擦干手。
- P Seque suas mãos com seu lenço.
- F Magpunas tayo ng kamay gamit ang sarili nating panyo.

そうじ
so u ji

- E Cleaning
- 中 扫除
- P Limpeza
- F Paglilinis

そうじをしましょう。
so u ji wo shi ma sho u

- English Let's clean up.
- 中文 开始扫除吧。
- Português Vamos fazer a limpeza.
- Filipino Maglinis tayo.

そうじをしましょう。
so u ji wo shi ma sho u

- E Let's clean up.
- 中 开始扫除吧。
- P Vamos fazer a limpeza.
- F Maglinis tayo.

ゆかをぞうきんで
yu ka wo zo u ki n de
ふきましょう。
fu ki ma sho u

- E Clean the floor with a wet rag.
- 中 用抹布擦地板。
- P Passem o pano de chão.
- F Gamit ang basahan, punasan natin ang sahig.

ごみは分別してすてます。
go mi wa bun betsu shi te su te ma su

- E Sort and throw out trash.
- 中 垃圾分类后扔。
- P Separem o lixo.
- F Pinaghihiwalay ang basura bago ito itapon.

そうじのしかた
so u ji no shi ka ta

- How to clean up
- 扫除的方法
- Como fazer a limpeza
- Paraan ng paglilinis

つくえを 運びましょう。
tsu ku e wo hako bi ma sho u

- Move the desks.
- 搬桌子。
- Movam as carteiras.
- Buhatin natin ang mga mesa.

ほうきで はきましょう。
ho u ki de ha ki ma sho u

- Sweep with the broom.
- 用扫帚扫。
- Varram com a vassoura.
- Gamit ang walis, magwalis tayo.

ちりとりでごみを とりましょう。
chi ri to ri de go mi wo to ri ma sho u

- Get the dust into the dustpan.
- 用垃圾撮子收集。
- Recolham com a pá de lixo.
- Gamit ang dustpan, dakutin natin ang dumi.

バケツに水を くみましょう。
ba ke tsu ni mizu wo ku mi ma sho u

- Put water into the bucket.
- 用水桶打来水。
- Encham os baldes com água.
- Lagyan natin ng tubig ang timba ／ balde.

ぞうきんを あらいましょう。
zo u ki n wo a ra i ma sho u

- Wash out the rag.
- 洗抹布。
- Lavem o pano de chão.
- Labhan natin ang mga basahan.

いすを ならべましょう。
i su wo na ra be ma sho u

- Line up the chairs.
- 摆椅子。
- Ponham as cadeiras em ordem.
- Ayusin natin ang mga upuan.

帰りの会 (kaerinokai)

- E Afternoon homeroom meeting
- 中 放学前班会
- P Reunião de fim de aula
- F Miting sa oras ng uwian

手紙をおうちの人にわたしてください。
te gami wo o u chi no hito ni wa ta shi te ku da sa i

- English: Give the letter to your family.
- 中文: 请将通知交给家里人。
- Português: Entregue a carta para alguém de casa.
- Filipino: Pakibigay ninyo ang sulat sa isang kasambahay.

> 手紙をおうちの人に
> te gami wo o u chi no hito ni
> わたしてください。
> wa ta shi te ku da sa i
>
> - E Give the letter to your family.
> - 中 请将通知交给家里人。
> - P Entreguem a carta para alguém de casa.
> - F Pakibigay ninyo ang sulat sa isang kasambahay.

おうちの人へわたすもの
o u chi no hito e wa ta su mo no

- E Things you give to your family
- 中 要交给家里人的东西
- P O que entregar para alguém de casa
- F Mga dapat ibigay sa kasambahay

学年だより (gakunen dayori)
- E letter from grade
- 中 年级通知
- P aviso da série escolar
- F sulat galing sa grade

手紙（おたより、プリント） (tegami / otayori / purinto)
- E letter
- 中 信（通知）
- P carta (aviso)
- F mga sulat

れんらく帳 (renrakuchou)
➡ p.13

学校だより (gakkou dayori)
- E letter from school
- 中 学校通知
- P aviso da escola
- F sulat galing sa eskuwelahan

学級だより (gakkyuu dayori)
- E letter from class
- 中 班级通知
- P aviso da classe
- F sulat galing sa klase

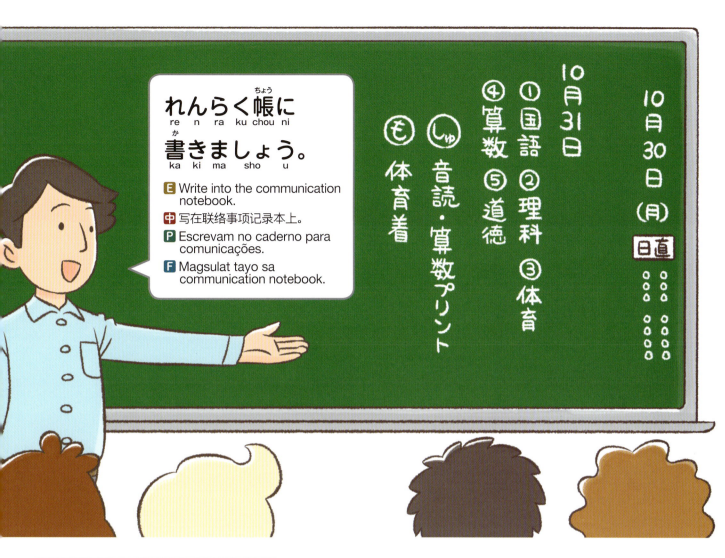

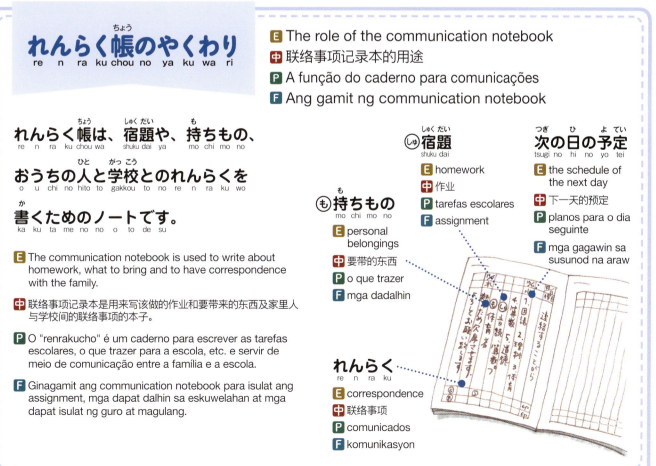

帰りの会のれんらく
kae ri no kai no re n ra ku

- **English** Announcement at the afternoon homeroom meeting
- **中文** 放学前班会的联络事项
- **Português** Comunicados da reunião de fim de aula
- **Filipino** Report tungkol sa miting sa hapon

あしたは学校がお休みです。
a shi ta wa gakkou ga o yasu mi de su

- **E** We have no school tomorrow.
- **中** 明天学校放假。
- **P** Amanhã não haverá aula.
- **F** Walang pasok bukas.

あしたは学校があります。
a shi ta wa gakkou ga a ri ma su

- **E** We have school tomorrow.
- **中** 明天学校上学。
- **P** Amanhã haverá aula.
- **F** May pasok bukas.

あしたは給食がありません。
a shi ta wa kyuushoku ga a ri ma se n

- **E** We have no school lunch tomorrow.
- **中** 明天没有学校午餐。
- **P** Amanhã a merenda não será servida.
- **F** Walang tanghalian sa eskuwelahan bukas.

あしたはおべんとうを持ってきてください。
a shi ta wa o be n to u wo mo tte ki te ku da sa i

- **E** Bring your lunch tomorrow.
- **中** 明天请带饭来。
- **P** Tragam "bento" (lanche), amanhã.
- **F** Magdala ng baon para sa tanghalian bukas.

40

あしたは８時までに登校してください。
a shi ta wa hachi ji ma de ni tou kou shi te ku da sa i

- E Come to school by 8 o'clock tomorrow.
- 中 明天请在8点之前到校。
- P Amanhã venham à escola antes das 8 horas.
- F Pumasok kayo bukas bago alas otso ng umaga.

あしたは２時に下校します。
a shi ta wa ni ji ni ge kou shi ma su

- E You'll go home at 2 o'clock tomorrow.
- 中 明天2点放学。
- P Amanhã vocês sairão da escola às 2 horas.
- F Hanggang alas dos ng hapon ang klase bukas.

家に帰ったら、うがいと手あらいをしましょう。
ie ni kae tta ra u ga i to te a ra i wo shi ma sho u

- E Gargle and wash your hands when you get home.
- 中 回家之后要漱口并洗手。
- P Ao chegar em casa, lavem as mãos e façam gargarejo.
- F Pagkauwi ng bahay, magmumog tayo at maghugas ng kamay.

うがい・手あらい
u ga i te a ra i

- E Gargling・Hand-wash
- 中 漱口・洗手
- P Gargarejar・Lavar as mãos
- F Pagmumumog・Paghuhugas ng kamay

給食の前や、休み時間や体育、そうじのあと、校庭に出たあとにも、うがい・手あらいをして、病気になるのをふせぎます。
kyuushoku no mae ya yasu mi ji kan ya tai iku sou ji no a to kou tei ni de ta a to ni mo u ga i te a ra i wo shi te byou ki ni na ru no wo fu se gi ma su

- E Gargle and wash your hands before lunch and after recess, PE, playing in the schoolyard, or cleaning in order to prevent from becoming sick.
- 中 在吃午餐前, 课间休息时间及体育课后, 扫除之后, 从操场回来后等时, 也要漱口、洗手, 以防得病。
- P Previna-se contra doenças fazendo gargarejo e lavando sempre as mãos antes das refeições, depois do intervalo ou da aula de educação física, depois de voltar do pátio e depois da limpeza.
- F Para maiwasan ang sakit, magmumog at maghugas ng kamay bago kumain ng tanghalian, pagkatapos ng oras ng pahinga at paglalaro sa gym, pagkagaling sa playground at pagkatapos ng paglilinis.

「いかのおすし」を守って帰りましょう。

- **E** Follow " いかのおすし " on your way home.
- **中** 要遵守 " いかのおすし " 回家。
- **P** Voltem para casa obedecendo o " いかのおすし ".
- **F** Tandaan ang " いかのおすし " at umuwi ng bahay.

いかのおすし

「いかのおすし」は、身を守るために必要な５つのことをまとめたことばです。

- **E** Five phrases of " いかのおすし " remind children to protect themselves from danger.
- **中** " いかのおすし " 是将大家为保护自身安全所要遵守的５个事项归纳起来的词。
- **P** " いかのおすし " é a abreviatura de cinco frases que ensinam às crianças o que fazer para se protegerem em casos de perigo.
- **F** Buod ng 5 mahalagang salita ang " いかのおすし " para gamitin sa pagtatanggol ng sarili.

1 知らない人についていかない。

- **E** Don't follow a stranger.
- **中** 不跟不认识的人走。
- **P** Não vá junto com pessoas desconhecidas.
- **F** Huwag sumama sa taong hindi ninyo kilala.

2 知らない人の車にのらない。

- **E** Don't get into a stranger's car.
- **中** 不乘不认识的人的车。
- **P** Não entre nos carros de desconhecidos.
- **F** Huwag sumakay sa sasakyan ng taong hindi ninyo kilala.

3 あぶないと思ったらおきな声を出す。

- **E** Shout aloud for help when you are in danger.
- **中** 感到危险的话大声喊。
- **P** Se sentir algum perigo, grite.
- **F** Kung delikado sa tingin mo, sumigaw nang malakas.

4 その場からすぐににげる。

- **E** Run away immediately from the spot.
- **中** 立刻逃离那个地方。
- **P** Fuja.
- **F** Tumakbo agad palayo sa delikadong lugar.

5 近くの大人になにがあったかしらせる。

- **E** Tell an adult near you what has happened.
- **中** 告诉附近的大人发生了什么事。
- **P** Diga o que aconteceu para algum adulto que esteja por perto.
- **F** Kung may nangyari, ipaalam mo ito sa may edad na tao na malapit sa iyo.

さくいん／日本語

この本の中でしょうかいした会話文やことばをまとめました。
数字は、この本の中でその会話文やことばがのっているページを示しています。

あ 赤白ぼうし 13
朝の会 8,12
あしたの朝、先生のつくえに
提出してください。 21
あしたはおべんとうを持ってきてください。 ... 40
あしたは学校があります。 40
あしたは学校はお休みです。 40
あしたは給食はありません。 40
あしたは2時に下校します。 41
あしたは8時までに登校してください。 ... 41
あまい 27
雨 8

い 家に帰ったら、うがいと
手あらいをしましょう。 41
いす 22
いすをならべましょう。 37
一度帰ってから、友だちと遊びましょう。 ... 42

う うがい 41
後ろの人はプリントを集めてください。 ... 18
うわばき 13

え 絵日記をかいてきてください。 ... 21

お おいしいです。 27
おかわりはできますか？ 29
おなかがいたいです。 9
おなかがいっぱいです。 27
おなかがすきました。 26
おはようございます。 8
おり紙をしませんか？ 35
音楽 15
音楽室 35
音読をしてきてください。 21

か 外国語（英語） 15
かいだん 35
帰りの会 38,40
学年だより 38
かぜをひいています。 9
学活（学級活動） 15
学級だより 38
学校だより 38
家庭科 15
家庭科室 35
からい 27
漢字練習をしてきてください。 ... 21

き 給食 14,24,26,28,30
給食室 35
給食当番はマスクをつけてください。 ... 24
給食の前には石けんで
手をあらいましょう。 25
教科書 13
教科書をひらいてください。 16
教科書を読んできてください。 ... 20
教科書を読んでください。 17
教室 22,34
教室で遊びます。 35
教たく 23
きょうは10月30日月曜日、
天気はくもりです。 8
起立。 8
気をつけて帰りましょう。 42

く 具合が悪いです。 9
配ってください。 19

け 下校 42

元気ですか？ 9
けんこうかんさつをします。 9

こ 校長室 34
校庭 35
校庭に行きましょう。 34
国語 15
黒板 23
黒板消し 23
黒板を見てください。 15
答え合わせをしてきてください。 ... 21
ごちそうさまでした。 27
ごはんはおかわりができます。 ... 29
ごみ箱 22
ごみは分別してすてます。 36
これから国語の授業をはじめます。 ... 14
これはきょうの宿題です。 20
これは食べられます。 28
これは食べられません。 28
これは苦手です。 28

さ 算数 15

し しいく小屋 34
時間割 14
下じき 13
児童かいぎ室 34
しまってください。 19
社会 15
じゃぐち 33
授業 14,16,18,20
宿題 20,39
しょうこう口 34
しょくいん室 35
書写 15
しょっぱい 27

す 好きな食べものはカレーライスです。 ... 29
図工 15
図工室 34
すっぱい 27

せ せいかつ 15
石けん 33
線を引いてください。 17

そ ぞうきんをあらいましょう。 37
総合学習 15
そうじ 14,36
そうじ用具入れ 22
そうじをしましょう。 36

た 体育 15
体育館 35
体育着 13
食べられないものはありますか？ ... 28

ち 着せき。 8
チョーク 23
ちりとりでごみをとりましょう。 ... 37

つ つかれています。 9
月 10
次の日の予定 39
つくえ 22
つくえを運びましょう。 37

て 手あらい 41
提出してください。 19
ティッシュ 13
手紙（おたより、プリント） 38
手紙をおうちの人にわたしてください。 ... 38

テレビ 23

と トイレ 32,34
トイレも行っておきましょう。 ... 32
道具箱 23
道徳 15
時計 23
図書室 35
友だちといっしょに帰りましょう。 ... 42
ドリルの18ページをやってきてください。 ... 21

な 名ふだ 13

に にがい 27
2時間目は理科です。 14

ね ねむいです。 9

の ノート 13
ノートに書いてください。 16
のこしてもいいですか？ 27

は はい、元気です。 9
白衣 24
白衣を着ましょう。 24
バケツに水をくみましょう。 37
晴れ 8
ハンカチ 13
ハンカチを持ってきましたか？ ... 12
班ごとにプリントを集めてください。 ... 19

ひ 日にち 11

ふ プール 35
フック 22
筆箱 13
プリントを後ろへ回してください。 ... 18
プリントをやってきてください。 ... 21

ほ 放か後 14
ほうきではきましょう。 37
ぼうさいずきん 22
ぼうし 24
ぼうしをかぶってください。 24
放送室 34
ほけん 15
ほけん室 34
本だな 22

ま マスク 24
まど 23
まどをあけてもいいですか？ 23
丸をつけてください。 17

も 持ちもの 13,39
持ってきました。 12

や 休み時間 14,32
休み時間の間に水を飲みましょう。 ... 32

ゆ ゆかをぞうきんでふきましょう。 ... 36
雪 8

よ 曜日 10
より道せずに、
通学路を通って帰りましょう。 ... 42

ら ランドセル 13

り 理科 15
理科室 35

れ れんらく 39
れんらく帳 13,38
れんらく帳を書きましょう。 39

ろ ろうか 32,34
ろうかの右がわを歩きましょう。 ... 32
ロッカー（たな） 22

わ わすれました。 12

44

Index ／ English

In this index you can look up the dialogs and words introduced in this book.
The numbers are the pages in which you can find them.

A Afternoon homeroom meeting ···· 38
after school ···· 14
art room ···· 34

B bathroom ···· 32,34
Be careful going home. ···· 42
bitter ···· 27
blackboard ···· 23
bookshelf ···· 22
Bring your lunch tomorrow. ···· 40
broadcasting room ···· 34

C cabinet of cleaning supplies ···· 22
calligraphy ···· 15
Can I have a second plate ? ···· 29
cap ···· 24
chair ···· 22
chalk ···· 23
Check your answers at home. ···· 21
children's meeting room ···· 34
Class ···· 14,16,18,20
class activities ···· 15
classroom ···· 22,34
cleaning ···· 14,36
Clean the floor with a wet rag. ···· 36
clock ···· 23
Collect the handouts in a group. ···· 19
Come to school by 8 o'clock tomorrow. ···· 41
communication notebook ···· 13,38
correspondence ···· 39

D Dates ···· 11
Days ···· 10
desk ···· 22
disaster safety hood ···· 22
Do the handout. ···· 21
Do you have anything you can't eat? ···· 27
Do you have your handkerchief? ···· 12
Draw a line. ···· 17
Draw a picture diary. ···· 21
drawing and crafts ···· 15
Drink water during recess. ···· 32

E entrance hall ···· 34
eraser ···· 23

F First go home and then play with your friends. ···· 42
foreign language (English) ···· 15

G Gargle and wash your hands when you get home. ···· 41
Gargling ···· 41
Get the dust into the dustpan. ···· 37
Give the letter to your family. ···· 38
Go home with your friends. ···· 42
Go straight home along the school route. ···· 42
Go to the bathroom as well. ···· 32
Going-home ···· 42
Good morning. ···· 8
gym ···· 35

H hallway ···· 34
Hand in. ···· 19
handkerchief ···· 13
Hand-wash ···· 41
health education ···· 15
home economics ···· 15
home economics room ···· 35

Homework ···· 20,35
hook ···· 22
hot ···· 27
How are you? ···· 9

I I can eat this. ···· 28
I can't eat this. ···· 28
I feel bad. ···· 9
I forgot. ···· 12
I have a cold. ···· 9
I have a stomachache. ···· 9
I'll check your health condition. ···· 9
I'm fine. ···· 9
I'm full. ···· 27
I'm hungry. ···· 26
I'm not fond of this. ···· 28
I'm sleepy. ···· 9
I'm tired. ···· 9
indoor shoes ···· 13
Integrated studies ···· 15
It tastes good. ···· 27

J Japanese ···· 15

L Let's clean up. ···· 36
Let's go to the schoolyard. ···· 34
letter ···· 38
letter from class ···· 38
letter from grade ···· 38
letter from school ···· 38
library ···· 35
Line up the chairs. ···· 37
living environment studies ···· 15
Look at the blackboard. ···· 16
lunch room ···· 35
Lunch staff, put your masks on. ···· 24
lunch time ···· 14

M mask ···· 24
mathematics ···· 15
May I leave some? ···· 27
May I open the window? ···· 23
Months ···· 10
moral education ···· 15
Move the desks. ···· 37
music ···· 15
music room ···· 35
My favorite food is curry and rice. ···· 29

N name tag ···· 13
notebook ···· 13
nurse's office ···· 34

O Open your textbook. ···· 16

P Pass out the handouts to a person behind. ···· 17
Pass out. ···· 19
PE ···· 15
PE uniform ···· 13
pen ···· 34
pencil board ···· 13
pencil case ···· 13
Personal belongings ···· 13,39
Practice kanji. ···· 21
Practice page 18 in the drill book. ···· 21
principal's office ···· 34
Put a circle on. ···· 17
Put away. ···· 19
Put water into the bucket. ···· 37

Put your caps on. ···· 24
Put your homework on my desk tomorrow morning. ···· 21
Put your white smocks on. ···· 24

R rainy ···· 8
Read aloud the textbook. ···· 21
Read the textbook. ···· 17
Read the textbook at home. ···· 20
recess ···· 14,32
red and white cap ···· 13

S salty ···· 27
school bag ···· 13
School lunch ···· 24,26,28,30
schoolyard ···· 35
science ···· 15
science lab ···· 35
Shall we make origami? ···· 35
shelf ···· 22
Sit down. ···· 8
snowy ···· 8
soap ···· 33
social studies ···· 15
Sort and throw out trash. ···· 36
sour ···· 27
stairs ···· 35
Stand up. ···· 8
sunny ···· 8
Sweep with the broom. ···· 37
sweet ···· 27
swimming pool ···· 35

T tap ···· 33
teacher's desk ···· 23
teachers' office ···· 35
textbook ···· 13
the schedule of the next day ···· 39
The second period is science. ···· 14
This is today's homework. ···· 20
Those sitting in the back row, collect the handouts. ···· 18
Time schedule ···· 14
tissue paper ···· 13
Today is Monday, October 30th. It's cloudy today. ···· 8
tool box ···· 23
trash box ···· 22
TV ···· 23

W Walk the right side of the hallway. ···· 32
Wash out the rag. ···· 37
Wash your hands with soap before lunch. ···· 24
Watch out for cars when you go home. ···· 42
We have no school lunch tomorrow. ···· 40
We have no school tomorrow. ···· 40
We have school tomorrow. ···· 40
We'll start Japanese class now. ···· 14
We play in the classroom. ···· 35
white smock ···· 24
window ···· 23
Write into the communication notebook. ···· 39
Write in your notebook. ···· 16

Y Yes, I do. ···· 12
You can have a second bowl of rice. ···· 29
You'll go home at 2 o'clock tomorrow. ···· 41

45

索引／中文

此索引收集了本书中的 词汇和会话。
索引中的数字为该词汇和会话的所在页数。

B 白衣 24
摆椅子。 37
班级活动 15
班级通知 38
搬桌子。 37
保健 15
笔记本 13
别绕道，按指定的上学路回家。 42
不舒服。 9

C 操场 35
厕所 34
厕所也要课前去好。 32
吃完了可以再添吗? 29
出入口 34
穿上白衣。 24
窗 23

D 带来了。 12
戴上帽子。 24
道德 15
第二节课是理科。 14
电视 23
垫板 13
肚子疼。 9

F 饭吃完了可以再添。 29
防灾头套 22
放学 42
放学后 14
放学前班会 38
粉笔 23

G 感冒了。 9
供餐室 35
挂钩 22
观察健康状况。 9
广播室 34
柜子 22
国语 15

H 好吃。 27
黑板 23
黑板擦 23
红白帽 13
回家对好答案。 21
回家将单子做完。 21
回家朗读。 21
回家路上要注意安全。 42
回家路上要注意汽车。 42
回家写绘画日记。 21
回家之后要漱口并洗手。 41
回家做练习册的第18页。 21
回家做汉字练习。 21
回一趟家之后再和同学去玩。 42

J 家事课／家庭课 15
家事课室 34
讲桌 23
教科书 13
教室 34
今天是10月30号星期一，天气，阴。 8

K 开始扫除吧。 36
可以开窗吗? 23
可以剩下吗? 27
课程表 14
口罩 24

苦 27
困。 9

L 垃圾分类后扔。 36
垃圾箱 22
辣 27
老师办公室 35
累了。 9
理科 15
理科室 35
联络事项 39
联络事项记录本 13,38
楼梯 35

M 帽子 24
明天2点放学。 41
明天没有学校午餐。 40
明天请带饭来。 40
明天请在8点之前到校。 41
明天学校放假。 40
明天学校上学。 40
明天早晨交到老师的讲桌上。 21

N 你不玩"折纸"吗? 32
你好吗? 9
年级通知 38

Q 起立。 8
铅笔盒 13
晴 8
请读教科书。 17
请发下去。 19
请各个小组把单子收上来。 19
请后面的人将单子收上来。 18
请划上线。 17
请划圆圈。 17
请回家读教科书。 20
请将单子传到后面。 18
请将通知交给家里人。 38
请交上来。 19
请看黑板。 15
请收起来。 19
请写到笔记本上。 16
请在课间休息时间喝水。 32
请坐。 8
去操场吧。 34

R 日期 11
S 扫除 14,36
扫除的方法 37
扫除用品存放处 22
上课 14
社会 15
生活 15
手帕 13
手帕带来了吗? 12
书架 22
书写 15
水龙头 35
漱口 41
饲养棚 34
酸 27
算数／算术 15
T 体操服 13
体育 15

体育馆 35
甜 27
图工室 34
图画手工 15
图书室 35

W 外语（英语） 15
我不能吃这个。 28
我肚子饱了。 27
我肚子饿了。 26
我很好。 9
我能吃这个。 28
我讨厌这个。 28
我忘了。 12
我喜欢的食物是咖喱饭。 29
午餐值日生请戴口罩。 24

X 洗抹布。 37
洗手 41
下面开始上国语课。 14
下雪 8
下一天的预定 39
下雨 8
咸 27
香皂 33
（小学生）书包 13
校内鞋 13
校长室 34
写在联络事项记录本上。 39
信（通知） 38
星期 10
姓名卡 13
休息时间 14,32
学生会议室 34
学校通知 38
学校午餐 14,24,26,28,30

Y 要带的东西 13,39
要和同学一起回家。 42
要走走廊右侧。 32
医务室 34
椅子 22
音乐 15
音乐室 35
用具盒 23
用垃圾撮子收集。 37
用抹布擦地板。 36
用扫帚扫。 37
用水桶打来水。 37
游泳池 33
有不能吃的东西吗? 28
月 10

Z 在教室里玩。 35
在午餐前要用肥皂洗手。 25
早上好。 8
朝会 8
这是今天的作业。 20
纸巾 13
钟 23
桌子 22
综合学习时间 15
走廊 34
作业 21

46

Índice Remissivo / Português

Contém as frases e as palavras deste livro. Os números indicam as páginas em que se encontram essas frases e palavras.

A
A segunda aula é ciências. ·········· 14
A última pessoa deve recolher as folhas. ·········· 18
Abra o livro escolar. ·········· 16
Amanhã a merenda não será servida. ··· 40
Amanhã haverá aula. ·········· 40
Amanhã não haverá aula. ·········· 40
Amanhã venham à escola antes das 8 horas. ·········· 41
Amanhã vocês sairão da escola às 2 horas. ·········· 41
amargo ·········· 27
Ao chegar em casa, lavem as mãos e façam gargarejo. ·········· 41
apagador de lousa ·········· 23
armário para os materiais de limpeza ··· 22
atividades da classe ·········· 15
atividades do lar ·········· 15
Aula ·········· 14,16,18,20
aviso da classe ·········· 38
aviso da escola ·········· 38
aviso da série escolar ·········· 38
azedo ·········· 27

B
banheiro ·········· 34
biblioteca ·········· 35
Bom dia. ·········· 8
boné vermelho-branco ·········· 13

C
cadeira ·········· 22
caderno ·········· 13
caderno para comunicações ·········· 13,38
caixa para os materiais escolares ···· 23
calçado de uso interno ·········· 13
caligrafia ·········· 15
capuz de proteção ·········· 22
carta (aviso) ·········· 38
chuvoso ·········· 8
ciências ·········· 15
classe ·········· 34
Complete a folha. ·········· 21
comunicados ·········· 39
corredor ·········· 34
cozinha ·········· 35
crachá ·········· 13
Cuidado com os carros. ·········· 42

D
Datas ·········· 11
depois da escola ·········· 14
Dias da semana ·········· 10
doce ·········· 27

E
É gostoso. ·········· 26
educação artística ·········· 15
educação física ·········· 15
educação moral ·········· 15
Encham os baldes com água. ·········· 37
enfermaria ·········· 34
ensolarado ·········· 8
entrada e saída dos estudantes ·········· 34
Entregue a carta para alguém de casa. ·········· 38
escadas ·········· 35
Escreva o diário com desenho. ·········· 21
Escrevam no caderno para comunicações. ·········· 39
Escrevam no caderno. ·········· 16
Esqueci. ·········· 12
Esta é a tarefa escolar de hoje. ·········· 20
estante ·········· 22
estante de livros ·········· 22
estojo ·········· 13

Estou cansado／cansada. ·········· 9
Estou com fome. ·········· 26
Estou com sono. ·········· 9
Estou de barriga cheia. ·········· 27
Estou me sentindo mal. ·········· 9
Estou resfriado／resfriada. ·········· 9
estudos integrados ·········· 15
estudos sociais ·········· 15

F
Faça a leitura em voz alta. ·········· 21
Faça a página 18 do livro de exercícios. ·········· 21
Faça o treino de "kanji". ·········· 21
Favor distribuir. ·········· 19
Favor entregar. ·········· 19
Favor guardar. ·········· 19
Favor passar a folha para trás. ·········· 18

G
gaiola dos animais ·········· 34
gancho ·········· 22
Gargarejar ·········· 41
ginásio de esportes ·········· 35
giz ·········· 23
gorro ·········· 24
Gosto de "kare raisu" (curry). ·········· 29

H
Há algo que você não pode comer? ··· 28
Hoje é dia 30 de agosto, segunda-feira e está nublado. ·········· 8
Horário escolar ·········· 14

I
intervalo ·········· 14,32

J
jaleco ·········· 24
janela ·········· 23

L
Lavar as mãos ·········· 41
Lavem as mãos com sabonete antes do almoço. ·········· 24
Lavem o pano de chão. ·········· 37
Leia o livro escolar. ·········· 17
Leiam o livro escolar. ·········· 20
lenço ·········· 13
Levantem-se. ·········· 8
limpeza ·········· 14,36
língua estrangeira (inglês) ·········· 15
língua japonesa ·········· 15
livro escolar ·········· 13
lixo ·········· 22
lousa ·········· 23

M
Marque com um círculo. ·········· 17
máscara ·········· 24
matemática ·········· 15
merenda ·········· 14,24,26,28,30
mesa ·········· 22
mesa do professor ·········· 23
Meses ·········· 10
mochila escolar ·········· 13
Movam as carteiras. ·········· 37
música ·········· 15

N
Não consigo comer isso. ·········· 28
Não posso comer isso. ·········· 28
neve ·········· 8
No corredor, caminhem pelo lado direito. ·········· 32

O
O que trazer ·········· 13,39
O responsável pela merenda deve usar uma máscara. ·········· 24

P
Passem o pano de chão. ·········· 36
pátio escolar ·········· 35
picante ·········· 27
piscina ·········· 33

planos para o dia seguinte ·········· 39
Ponham as cadeiras em ordem. ·········· 37
Ponham na mesa do professor amanhã de manhã. ·········· 21
Ponham o gorro. ·········· 24
Posso abrir a janela? ·········· 22
Posso comer isso. ·········· 28
Posso deixar sobrar? ·········· 27
Posso repetir? ·········· 29
prancha para pôr sob o papel quando for escrever ·········· 13
Recolham as folhas em grupos. ·········· 19
Recolham com a pá de lixo. ·········· 37
relógio ·········· 23
Retornem primeiro para casa e depois saiam para brincar com seus amigos. ···· 42
Reunião de fim de aula ·········· 38

S
sabonete ·········· 33
Saída da escola ·········· 42
sala de artes e ofícios ·········· 34
sala de atividades do lar ·········· 35
sala de ciências ·········· 35
sala de música ·········· 35
sala de rádio difusão ·········· 34
sala de reuniões das crianças ·········· 34
sala do diretor ·········· 34
sala dos professores ·········· 35
salgado ·········· 27
saúde ·········· 15
Sentem-se. ·········· 8
Separem o lixo. ·········· 36
Sim, estou bem. ·········· 9
Sim, eu trouxe. ·········· 12
Sublinhe. ·········· 17

T
tarefas escolares ·········· 20,39
televisão ·········· 23
Tenho dor de barriga. ·········· 9
tissue／lenço de papel ·········· 13
torneira ·········· 33
Tragam "bento" (lanche), amanhã. ····· 40

U
uniforme de educação física ·········· 13

V
Vá ao banheiro também. ·········· 32
Vamos brincar na classe. ·········· 35
Vamos começar a aula de língua e literatura japonesa. ·········· 14
Vamos corrigir. ·········· 21
Vamos fazer "origami" (dobradura)? ··· 35
Vamos fazer a limpeza. ·········· 36
Vamos para o pátio. ·········· 33
Vamos tomar água na hora do intervalo. ·········· 32
Vamos verificar a saúde de cada um. ···· 9
Varram com a vassoura. ·········· 37
Vejam a lousa. ·········· 16
Vistam o jaleco. ·········· 24
vivência ·········· 15
Você está bem? ·········· 9
Você pode repetir o arroz. ·········· 29
Você trouxe lenço? ·········· 11
Voltem com cuidado. ·········· 42
Voltem diretamente para suas casas pelo caminho determinado, sem passar em outros locais. ·········· 42
Voltem junto com um amigo／uma amiga. ·········· 42

Indeks / Filipino

Tinipon ang mga usapan at salitang ginamit sa librong ito.
Ipinakikita naman ng numero ang pahina ng mga usapan at salitang ito.

A
agham／science ···········15
Agham／Science ang 2nd period natin. ··14
aklatan／library ···········35
arithmetic ···········15
art ···········15
art room ···········34
assignment ···········21,39
At mag-toilet din tayo. ···········32
Ayusin natin ang mga upuan. ···········37

B
bag／backpack ···········13
Bago kumain ng tanghalian, gamit ang sabon, maghugas tayo ng kamay. ···25
Basahin ninyo ang textbuk sa bahay bago kayo pumasok sa eskuwelahan. ···20
basurahan ···········22
bintana ···········23
blackboard ···········23
blackboard eraser ···········23
bookshelf ···········22
broadcasting room ···········34
Buhatin natin ang mga mesa. ···········37
Bukas ng umaga, pakilagay ninyo ang assignment ninyo sa mesa ng titser. ···21
Buwan ···········10

C
calligraphy ···········15
cap ···········24
chalk ···········23
clinic／klinik ···········34
communication notebook (ng titser at magulang) ···········13,39
Curry rice po ang paborito kong pagkain. ···········29

G
Gamit ang basahan, punasan natin ang sahig. ···········36
Gamit ang dustpan, dakitin natin ang dumi. ···········37
Gamit ang walis, magwalis tayo. ···········37
gawain sa loob ng klasrum ···········15
Gawin ninyo ang drill sa page 18. ···········21
Gawin ninyo ang printout. ···········21
gripo ···········33
Gusto mo bang gumawa ng "origami"? ···35
Gutom ako. ···········26
gym ···········35

H
hagdan ···········35
Hanggang alas dos ng hapon ang klase bukas. ···········41
health ···········15
Hindi ko po gusto ito. ···········28
Hindi ko po makain ito. ···········28
home economics ···········15
home economics room ···········35
hook ···········22

I
I.D.／name tag ···········13
Inaantok po ako. ···········9
Iskedyul ng klase ···········14
isno ···········8
Ito ang assignment ninyo ngayon. ···20

K
kagandahang-asal ···········15
kainan ng tanghalian ···········35
Klase ···········14,16,18,20
komunikasyon ···········39
koridor ···········34
kulungan ng mga hayop ···········34
Kumusta ang pakiramdam mo? ···········9
kuwarto ng mga titser ···········35
kuwarto ng principal ···········34

L
Labhan natin ang mga basahan. ···········37
Lagyan natin ng tubig ang timba／balde. ···········37
lalagyan ng gamit ···········23
lalagyan ng mga panlinis ···········22

locker ···········22
lugar na pinagmimitingan ng mga bata ···34
Lunes ngayon, ika-30 ng Oktubre. Maulap ang panahon. ···········8

M
maalat ···········27
maanghang ···········27
maaraw ···········8
maasim ···········27
Mabuti po. ···········9
Magandang umaga. ···········8
Magdala ng baon para sa tanghalian bukas. ···········40
Magdrowing kayo ng picture diary. ···········21
Magdrowing ng linya. ···········17
Mag-ingat tayo sa pag-uwi. ···········42
Maglakad tayo sa bandang kanan ng koridor. ···········32
Maglinis tayo. ···········36
Magsanay kayo ng pagsusulat ng kanji. ···21
Magsisimula na ngayon ang klase ng Wikang Hapon. ···········14
Magsulat tayo sa communication notebook. ···········39
Magsuot kayo ng cap. ···········24
Magsuot tayo ng puting robe. ···········24
mapait ···········27
Masakit po ang tiyan ko. ···········9
Masama po ang pakiramdam ko. ···········9
Masarap po. ···········27
mask ···········24
matamis ···········27
maulan ···········8
Maupo kayo. ···········8
May pasok bukas. ···········40
Mayroon ka bang hindi puwedeng kainin? ···········28
Mayroon po akong sipon. ···········9
mesa ng titser ···········23
mesa／desk ···········22
Mga araw ···········10
Mga bata sa likod, pakikolekta ang mga printout. ···········18
mga dadalhin ···········39
mga gagawin sa susunod na araw ···39
Mga sariling gamit ···········13
mga sulat ···········38
Miting sa oras ng uwian ···········38
music room ···········35
musika ···········15

N
Nabusog po ako. ···········27
Nagdala ba kayo ng panyo? ···········12
Naglalaro kami sa klasrum. ···········35
Nakakain ko po ito. ···········28
Nakalimutan ko po. ···········12
notbuk ···········13

O
Opo, nagdala po ako. ···········12
oras ng pahinga ···········14
Oras ng pahinga ···········32

P
P.E. ···········15
Paghuhugas ng kamay ···········41
pagkatapos ng klase ···········14
Pagkauwi ng bahay, magmumog tayo at maghugas ng kamay. ···········41
paglilinis ···········14,33
Pagmumumog ···········41
Pagod po ako. ···········9
Pag-uwi ···········42
Pakibasa ang textbuk. ···········17
Pakibasa nang malakas. ···········21
Pakibigay ninyo ang sulat sa isang kasambahay. ···········38
Pakibigay ninyo iyan sa titser. ···········19

Pakibilugan. ···········17
Pakibuksan ninyo ang textbuk ninyo. ···16
Paki-distribute. ···········19
Pakikolekta ang mga printout ng bawat grupo. ···········19
Pakiligpit. ···········19
Pakipasa ang printout sa likod. ···········18
Pakisulat ito sa notbuk ninyo. ···········16
Pakitsek ninyo ang sagot ninyo sa bahay. ···········21
pang-araw-araw na buhay ···········15
pang-ilalim na pad ···········13
pangkalahatang pag-aaral ···········15
panyo ···········13
pasukan／entrance ···········34
pencil case ···········13
Petsa ···········11
Pinaghihiwalay ang basura bago ito itapon. ···········36
playground ···········35
pula at puting sombrero ···········13
Pumasok kayo bukas bago alas otso ng umaga. ···········41
Pumunta tayo sa playground ng eskuwelahan. ···········34
puting robe ···········24
Puwede bang buksan ang bintana? ···23
Puwede kang humingi ulit ng kanin. ···29
Puwede po ba kahit may tira? ···········27
Puwede po bang humingi ulit ng pagkain? ···········29

R
relo ···········23

S
Sa mga magsisilbi ng tanghalian, magsuot kayo ng mask. ···········24
Sa pag-uwi, mag-ingat tayo sa sasakyan. ···········42
sabon ···········33
sapatos para sa loob ng eskuwelahan ···13
science room ···········35
silid-aralan／klasrum ···········34
silya／upuan ···········22
social studie ···········15
sulat galing sa eskuwelahan ···········38
sulat galing sa grad ···········38
sulat galing sa klase ···········38
swimming pool ···········35

T
talukbong pang-kalamidad ···········22
tanghalian ···········14,24,26,28,30
telebisyon／TV ···········23
textbuk ···········13
tissue paper ···········13
toilet ···········34
Tsetsekin ko ang nararamdaman／kalusugan ninyo. ···········9
Tumayo kayo. ···········8
Tumingin kayo dito sa blackboard. ·····16

U
Uminom tayo ng tubig sa oras ng pahinga. ···········32
Umuwi muna tayo ng bahay bago tayo makipaglaro sa kaibigan. ···········42
Umuwi tayo kasama ng mga kaibigan. ···42
Umuwi tayo nang diretso sa bahay nang walang dinadaanang iba, gamit ang daang itinakda ng eskuwelahan. ···42
uniform na pang-P.E. ···········13

W
Walang pasok bukas. ···········40
Walang tanghalian sa eskuwelahan bukas. ···········40
wikang banyaga (Ingles) ···········15
wikang hapon ···········15

48

●総監修

柳下則久

青山学院大学教育人間科学部教育学科特任教授。
前横浜市教育委員会教育次長。横浜市国際交流協会
理事。第2期中央教育審議会初等教育分科会教育課
程部会教科別専門部会専門委員。共著に『図解社会
授業』(東洋館出版社)『新学習指導要領の展開社会』
(教育出版)がある。

森 博昭

横浜市立青葉台中学校校長。
東洋大学文学部英米文学科卒。昭和63年度から19
年間、横浜市立中学校の外国語科教員として勤務。
平成19年度から9年間、横浜市教育委員会事務局で
外国語教育・国際理解教育・日本語指導が必要な児童
生徒教育担当の指導主事。平成28年度から現職。

●指導協力
横浜市多文化共生の楽しい学校をめざす会

●アートディレクション
株式会社フレーズ(大薮胤美)

●デザイン・DTP
株式会社ダイアートプランニング(大場由紀、五十嵐直樹)

●イラスト
鴨下 潤
メイヴ

●外国語編集協力
英語	下 薫(翻訳・校正)
中国語	劉 丹(翻訳)
	小澤光恵(校正)
ポルトガル語	ヤマダ キヨコ ベッティー(翻訳)
	浜岡 究(校正)
フィリピノ語	レイ・ベントゥーラ(翻訳)
	リース・カセル(校正)

●編集協力
漆原 泉

●編集制作
株式会社 童夢

ひと目でわかる！
教室で使う みんなのことば
（英語・中国語・ポルトガル語・フィリピノ語）
全5巻

●あいさつやこまったとき

●学校の一日

●国語・社会・体育・音楽・図工

●算数・理科・家庭科・道徳ほか

●季節と学校の行事

全巻セット定価：本体14,000円（税別）
ISBN978-4-580-88570-7

ひと目でわかる！
教室で使う みんなのことば
（英語・中国語・ポルトガル語・フィリピノ語）
学校の一日

NDC800　48 P　　30.4 × 21.7cm

2017年10月30日　第1刷発行
2023年 3 月30日　第3刷発行

監修	柳下則久　森 博昭
発行者	佐藤諭史
発行所	文研出版
	〒113-0023東京都文京区向丘2-3-10　電話03-3814-5187
	〒543-0052大阪市天王寺区大道4-3-25　電話06-6779-1531
	http://www.shinko-keirin.co.jp
印刷・製本	株式会社太洋社

©2017 BUNKEN SHUPPAN Printed in Japan　ISBN978-4-580-82322-8　C8387
乱丁・落丁本はお取り替えいたします。
本書のコピー、スキャン、デジタル化等の無断複製は著作権法上での例外を除き禁じられています。
本書を代行業者等の第三者に依頼してスキャンやデジタル化することは、たとえ個人や家庭内での利
用であっても著作権法上認められておりません。

あいうえお表②
a i u e o hyou

English	AIUEO table
中文	AIUEO 表
Português	Tabela do AIUEO
Filipino	AIUEO table

【だく音・よう音】
da ku on yo u on

パぱ PA	バば BA	ダだ DA	ザざ ZA	ガが GA
ピぴ PI	ビび BI	ヂぢ DI／ZI	ジじ JI／ZI	ギぎ GI
プぷ PU	ブぶ BU	ヅづ DU／ZU	ズず ZU	グぐ GU
ペぺ PE	ベべ BE	デで DE	ゼぜ ZE	ゲげ GE
ポぽ PO	ボぼ BO	ドど DO	ゾぞ ZO	ゴご GO

リャりゃ RYA	ミャみゃ MYA	ヒャひゃ HYA	ニャにゃ NYA	チャちゃ CHA／TYA	シャしゃ SHA／SYA	キャきゃ KYA
リュりゅ RYU	ミュみゅ MYU	ヒュひゅ HYU	ニュにゅ NYU	チュちゅ CHU／TYU	シュしゅ SHU／SYU	キュきゅ KYU
リョりょ RYO	ミョみょ MYO	ヒョひょ HYO	ニョにょ NYO	チョちょ CHO／TYO	ショしょ SHO／SYO	キョきょ KYO
	ピャぴゃ PYA	ビャびゃ BYA		ヂャぢゃ DYA／ZYA	ジャじゃ JA／ZYA	ギャぎゃ GYA
	ピュぴゅ PYU	ビュびゅ BYU		ヂュぢゅ DYU／ZYU	ジュじゅ JU／ZYU	ギュぎゅ GYU
	ピョぴょ PYO	ビョびょ BYO		ヂョぢょ DYO／ZYO	ジョじょ JO／ZYO	ギョぎょ GYO